ICH bin da

Religion 3

Schulbuch für den katholischen Religionsunterricht

Erarbeitet von
Friedrich Fischer, Wolfgang Gies, Monika Oesterwind,
Peter Ueter

Illustriert von Christian Schütte

Auer Verlag GmbH

Ich bin da

Es gibt Worte, die können dich total verändern, wenn sie dir zugesprochen werden. Stell dir vor: Du sitzt im Wartezimmer beim Zahnarzt. Über das, was dir bevorsteht, gehen dir die wildesten Gedanken durch den Kopf. Du fühlst dich nicht gut, obgleich dein Vater bei dir ist. Du hast Angst, obgleich dir zu Hause alle gesagt haben, dass dir nichts Schlimmes passieren wird.
Jetzt ruft dich die Zahnarzthelferin ins Behandlungszimmer und sagt zu deinem Vater: „Wenn Sie möchten, können Sie mitkommen!“ Dein Vater schaut dich an mit den Worten: „Ist gut. Ich bleibe bei dir.“ Da fällt dir ein Stein vom Herzen. Dir wird sogleich viel wohler. Du weißt zwar immer noch nicht, was der Zahnarzt mit dir anstellen wird, aber trotzdem verfliegt die Angst. Die Worte des Vaters „Ich bleibe bei dir“ geben dir die Zuversicht: Es wird gut ausgehen.

Wir alle vertrauen darauf, dass unser Leben gut wird, auch wenn Enttäuschung, innere Nöte, schwere Krankheit oder gar der Tod an diesem Vertrauen rütteln. Dieses Vertrauen hat nämlich einen unzerstörbaren Grund: Gott selbst. Er geht mit uns durch dick und dünn. Er bleibt an unserer Seite. Diese Zusage kann man an seinem Namen ablesen, den er uns – wie die biblische Erzählung in diesem Buch verrät – über Mose kundgetan hat: „Ich bin der ‚Ich-bin-da'“. Das will doch sagen: Ich sorge für dich. Ich trage dich wie auf Händen. Ich bleibe bei dir, was immer auch kommen mag. Deswegen kann der Beter im Alten Testament beten:

> „Ich fürchte kein Unheil, denn du bist bei mir.“ (Psalm 23)

Wer so die Welt und sich selbst sieht, der hat auch den Mut und die Kraft, für andere da zu sein, wie es uns Jesus gezeigt hat: Im Vertrauen auf Gott dem anderen beistehen und sich ihm mit Hand und Herz zuwenden.
„Ich bin da“ trifft auch auf uns zu, wenn wir uns mit dem, der uns übel mitgespielt hat, wieder vertragen und sagen: „Lass uns wieder gut miteinander sein.“

In einem Lied aus eurem Religionsbuch der zweiten Klasse konntet ihr deshalb zu Recht singen:

> „Ich bin da, bin Antwort aller Fragen. Ich bin immer für dich da.“

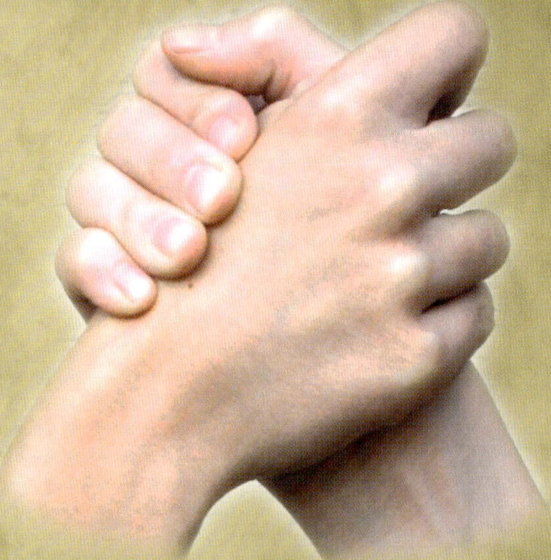

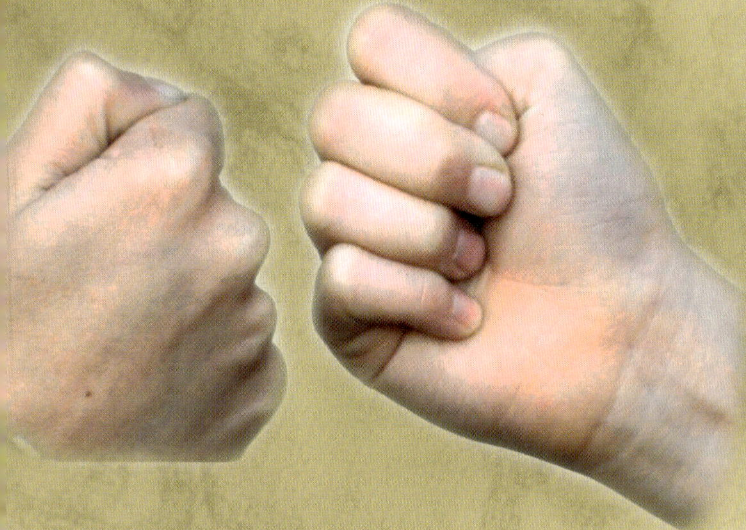

Mit meinen Händen kann
ich

1. Ich kann viel – ich habe Grenzen

Meine Hand
kann streicheln, das tut gut,
den anderen führen, das macht Mut.

Zur Begrüßung reiche ich sie dir
und bei Streit – kann's sein – sie entgleitet mir.

Meine Hand,
liegt sie in deiner Hand,
dann bin ich außer Rand und Band
und trau mir noch mehr zu.

Tatanka, der kleine Indianer

Eines Nachts schreckte Tatanka aus dem Schlaf und weinte. Die Eule hatte dicht über seinem Zelt geschrien, und Tatanka, der kleine Indianerjunge, fürchtete sich.
„Sei ruhig, Tatanka“, sagte seine Großmutter zu ihm, „du lockst die wilden Tiere und feindlichen Krieger mit deinem Geschrei!“
Aber Tatanka weinte nur immer lauter. Und wenn die Eule mit den Flügeln das Zeltdach streifte, schrie er laut auf. Solche Furcht hatte Tatanka vor dem großen Vogel. Erst gegen Morgen beruhigte er sich unter den eintönigen Schlafliedern seiner Großmutter.
„Ah, seht Tatanka, den Schreihals!“, riefen am anderen Morgen die Kinder. „Nie wird er ein tapferer Krieger!“ Und sie lachten und ließen Tatanka stehen.
Da kletterte Tatanka auf einen Baum, und niemand konnte ihn mehr sehen.
„Sie werden es schon noch merken“, dachte er, „dass ich nicht furchtsam bin. Ich werde einmal, wenn alle hungrig sind, den fettesten Bären erjagen, und mit einem einzigen Pfeil werde ich die listigsten Feinde überwinden!“
Ja, so überlegte Tatanka, und es wurde darüber Abend. Er rutschte vom Baum herunter und ging ins Dorf zurück.

Die Männer waren schon von der Jagd zurück und saßen zusammen um das wärmende Feuer. Die Frauen brieten und kochten das Fleisch. Die Kinder spielten. Als sie Tatanka bemerkten, lachten sie und riefen: „Seht nur, der Schreihals ist wieder da! Sicher hat er eine Eule erlegt!“
Da wären Tatanka beinahe die Tränen gekommen, hätte ihn nicht sein Vater, der bei den Männern am Feuer saß, zu sich gerufen.
„Tatanka!“
Tatanka gehorchte, und die anderen Kinder folgten neugierig, denn sie wollten gerne hören, was der furchtlose Mann seinem ängstlichen Sohn sagen würde.
„Guten Abend, Tatanka“, begrüßte ihn sein Vater. „Sieh, der Eimer ist leer.

Wir haben Durst, aber kein Wasser mehr. Geh zur Quelle und fülle ihn neu." Die Kinder sahen Tatanka von der Seite an. Alle wussten, dass der Weg dorthin nicht ungefährlich war, und noch dazu jetzt, da die Sonne hinter dem großen Berg längst untergegangen war. Würde Tatanka es wagen?

Tatanka nahm schweigend den Eimer und ging. Er tauchte in der Wildnis unter und suchte Schritt für Schritt den Pfad. Sein Herz schlug laut und schreckte zusammen, wenn ein Ast knackte oder ein Tier raschelte. Vorsichtig wie eine Katze setzte er seine Füße, und endlich hörte er das Rauschen der Quelle.

Dann füllte er den Eimer. Immer wieder umkreiste ihn die Eule und klagte. Am liebsten hätte Tatanka den Eimer stehen gelassen und wäre ins Dorf gelaufen. Aber er wusste selbst, jetzt konnte er allen zeigen, dass er tapfer war. So erreichte er das Feuer und die lagernden Männer. „Ah", sagte sein Vater, „da bist du ja!" Dann leerte er den Eimer mit dem kostbaren Wasser aus und befahl Tatanka, noch einmal zu gehen. Tatanka spürte, wie ihm die Tränen in die Augen stiegen. Noch einmal den schauerlichen Weg machen! Noch einmal in dieser Finsternis an huschendem und raschelndem Getier vorbei zur Quelle! Tatanka sah seinen Vater fragend an, aber dieser hatte sich längst wieder den anderen Männern zugewandt, und keiner achtete mehr auf Tatanka. Da bückte er sich nach dem Eimer und mühte sich zum zweiten Mal, den Weg im Dunkeln zu finden.

Als Tatanka zurückkam, stand sein Vater schon vor dem Zelt und wartete auf ihn. „Du wirst einmal ein tapferer Mann", sagte er.

Da rief ganz nahe eine Eule und strich vorbei. Aber der kleine Tatanka sah seinen Vater stolz an. Er hatte eben ganz andere Gefahren erlebt. Wie konnte ihn der Schrei einer Eule noch ängstigen!

Dolores Travaglini

1 Manche Aufgaben fallen dir schwer. Erzähle von einem Erlebnis, bei dem du dich wie Tatanka gefühlt hast. Was hat dir in dieser Situation geholfen?

2 Der Vater hilft Tatanka, seine Grenze zu überwinden. Erzähle von einer Aufgabe, die dir schwergefallen ist, bei der du eine Grenze überwunden hast.

Tobias ist nicht allein auf seinem Weg

Es lebte ein alter, blinder Mann. Er hatte einen Sohn, der Tobias hieß.
Der Vater musste Tobias mit einem wichtigen Auftrag in ein fernes, fremdes Land schicken. Er machte sich aber Sorgen und sagte: „Wer wird Tobias nur begleiten, damit ihm auf dem weiten Weg nichts passiert und er sicher ans Ziel kommt?“ Da bot sich ein junger Mann an, der für Tobias ein guter Freund sein wollte, und beide gingen los.

Abends kamen sie an einen großen Fluss. Tobias' Füße waren müde und er wollte sie baden. Als er gerade einen Fuß ins Wasser steckte, kam ein großer Fisch und schnappte nach Tobias. Da erschrak Tobias sehr und schrie: „Lieber Gott, hilf mir!“ „Pack den Fisch mutig an den Kiemen und zieh ihn aus dem Wasser“, riet ihm sein Freund. Das tat Tobias und schon lag der Fisch hilflos im Sand. „Schlachte den Fisch“, sagte der Freund weiter, „und nimm die Galle aus dem Fischbauch als Medizin für deinen blinden Vater mit.“
Auch diesen Rat führte Tobias aus.

Nach langer Zeit, als der Auftrag des Vaters erfüllt war, kamen Tobias und sein Freund wieder nach Hause. Die Eltern des Tobias freuten sich sehr.
Als Tobias die Salbe aus der Galle des Fisches auf die blinden Augen des Vaters strich, konnte der Vater wieder sehen. Tobias sagte: „Alles ist gut gegangen. Das verdanken wir meinem Freund!“
Der Vater wollte nun den Freund belohnen, der aber winkte ab und sprach: „Ich bin von Gott gesandt. Ich bin der Engel Rafael!“ Und er war nicht mehr zu sehen. Tobias und seine Eltern aber dankten Gott.
Sie hatten auf diese Weise Gottes Schutz erfahren.

nach Tobit 5,1–12,21

1. Was wundert dich an dieser Geschichte?
2. Was hilft Tobias, seinen Weg zu gehen?

Ich möcht, dass einer mit mir geht

Text und Melodie: Hans Köbler

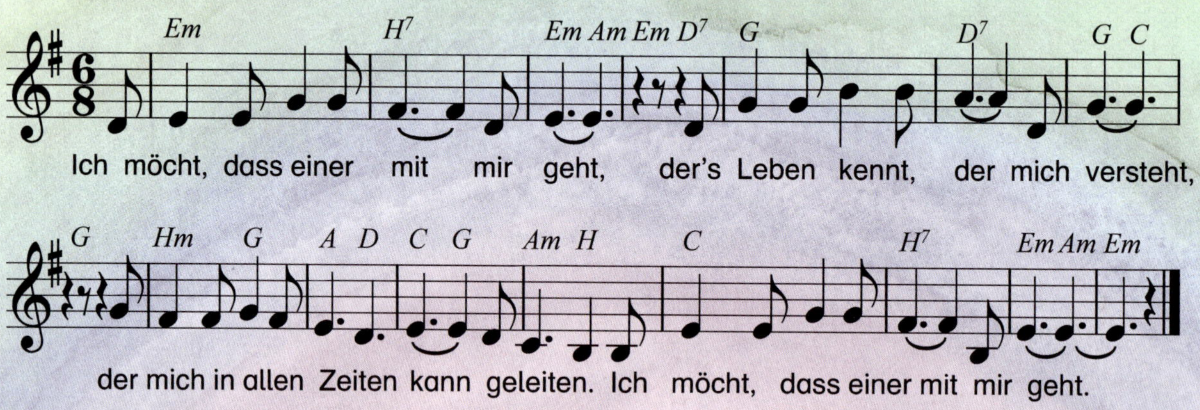

2. Ich wart, dass einer mit mir geht,
der auch im Schweren zu mir steht,
der in den dunklen Stunden mir verbunden.
Ich wart, dass einer mit mir geht.

3. Es heißt, dass einer mit mir geht,
der's Leben kennt, der mich versteht,
der mich zu allen Zeiten kann begleiten.
Es heißt, dass einer mit mir geht.

4. Sie nennen ihn den Herren Christ,
der durch den Tod gegangen ist,
er will durch Leid und Freuden mich geleiten.
Ich möcht, dass er auch mit mir geht.

Mach was!

1. Erzähle von Situationen, in denen du froh warst, nicht allein zu sein.
2. Schreibe einen Brief an die Person, die bei dir war.

2. Vertrauen wie Abraham

In einem fremden Land

Franziskas Papa räusperte sich. „Äh … also …“, begann er, „wir … wir müssen dir etwas sagen.“ Franziska hörte auf zu kauen. Wenn Papa so umständlich redete, bedeutete das meistens nichts Gutes. „Also“, sagte er noch einmal, „unsere Firma hat in Rumänien eine neue Fabrik gebaut und ich soll in den nächsten zwei Jahren in dieser Fabrik arbeiten“, sagte er dann ganz schnell.

Nach dem ersten Schreck, der Franziska sprachlos gemacht hatte, war sie traurig und wütend, wollte weglaufen und ihre Eltern nicht mehr sehen. Sie hatte große Angst vor der Schule, vor den neuen Lehrern und den fremden Kindern mit ihrer anderen Sprache.
Am ersten Tag begleitete Mama Franziska in die neue Schule. Franziskas Lehrer, Herr Dobrescu, nahm sie an die Hand und führte sie zu dem leeren Platz neben einem Mädchen. Das Mädchen rückte ein bisschen von Franziska weg, so als hätte sie Flöhe oder eine ansteckende Krankheit. Herr Dobrescu brachte Franziska ein Buch und schlug es auf. Er zeigte auf eine Überschrift und sagte: „Noi citim.“
Franziska versuchte, die Überschrift zu lesen. „Zicatori si povestiri vesele.“
Die Buchstaben kannte sie. Es waren die gleichen wie in ihrem Lesebuch.
Aber die Wörter waren fremd, die verstand Franziska nicht.
Ein Junge fing an, die Geschichte laut vorzulesen: „Ian si Boris agata un balon umplut cu apa pe tavanul clasei exact deasupra scaunului Profesorului.“
Alle Kinder prusteten los. Nur Franziska verstand nichts. Sie saß zwischen den fremden lachenden Kindern und fühlte sich furchtbar einsam. Tränen liefen ihr über die Backen, sie schluchzte leise.
Für Franziska war in diesem fremden Land alles sehr schwer. Zu Hause war sie in der Schule immer eine der Besten gewesen, hier verstand sie kaum etwas.
Zu Hause hatte sie viele Freundinnen, mit denen sie spielen und lachen konnte.
Hier hatten alle Kinder Freundinnen und Freunde, nur sie nicht. Franziska dachte oft an zu Hause und wurde immer trauriger...

Manfred Mai

Gott ruft und Abraham bricht auf

Vor langer Zeit lebte ein Mann mit dem Namen Abraham. Er war sehr reich und besaß viele Schafe, Ziegen, Kühe und Kamele. Außerdem lebten bei ihm viele Knechte, die für die Tiere sorgten.
Abraham war schon sehr alt und lebte mit seiner Frau Sara in der Stadt Haran. Sie hatten genug zu essen und genug Gras für die Tiere.
Aber Abraham und Sara hatten kein Kind.

Eines Tages sprach Gott zu Abraham: „Zieh fort von hier! Verlass dein Land! Geh in das Land, das ich dir zeigen werde! Es ist das Land Kanaan.
Dort werde ich dich zu einem großen Volk machen. Ich will dich reich beschenken und dich segnen. Durch dich sollen alle Menschen auf der Erde gesegnet sein."
Abraham brach mit seiner Frau Sara auf. Sie nahmen alle Knechte und Mägde sowie alle ihre Tiere mit. Auch Lot, der Sohn seines Bruders, begleitete sie.
Es wurde eine lange, beschwerliche Reise. Sie gingen durch heiße Wüsten und über kahle Berge und kamen nur langsam voran.
Abraham wusste nicht, wohin ihn der Weg führte.

Endlich kamen sie in das Land Kanaan. Dort gab es grüne Täler und saftige Wiesen für die Tiere. Hier ließ Abraham sich nieder.
Der Herr erschien ihm und sprach: „Deinen Nachkommen werde ich dieses Land geben." An dieser Stelle baute Abraham dem Herrn einen Altar.

nach Genesis 12,1–7

Glauben trotz vieler Fragen

Gott schließt einen Bund mit Abraham

Abraham und Sara waren schon einige Zeit im Land Kanaan und Abraham dachte immer wieder an die Nachkommen, die Gott ihm zugesagt hatte.
Eines Tages erschien der Herr und sagte zu ihm: „Abraham, fürchte dich nicht! Ich beschütze dich. Dein Lohn wird groß sein." Abraham antwortete: „Herr, was willst du mir schon geben? Du hast mir keine Kinder geschenkt, deshalb wird mein Diener Elieser alles erben." Da sprach der Herr zu ihm: „Nicht Elieser, sondern dein eigener Sohn wird dein Erbe sein. Sieh doch zum Himmel hinauf. Zähle die Sterne! So zahlreich wie diese Sterne werden deine Nachkommen sein." Abraham glaubte dem Herrn. Und Gott sagte: „Weil du glaubst, bist du gerecht." An diesem Tag schloss der Herr mit Abraham diesen Bund: „Deinen Nachkommen gebe ich dieses Land."

nach Genesis 15,1–21

Wie soll ich zu einem großen Volk werden?

Was hat Gott nur vor?

Besuch bei Abraham

Eines Tages saß Abraham vor seinem Zelt, als er drei Männer kommen sah. Er lief ihnen entgegen und begrüßte sie. „Seid meine Gäste! Ruht euch aus!" Abraham lief schnell zu Sara und rief: „Backe schnell Brotfladen!" Dann lief er zu einem Knecht und rief: „Schlachte ein Kalb!" Er selbst holte Milch und Butter und bediente die Fremden.
Als sie gegessen hatten, fragte einer von ihnen: „Wo ist deine Frau Sara?" „Sie ist im Zelt", antwortete Abraham. Der Fremde sprach weiter: „In einem Jahr wird Sara einen Sohn haben." Sara aber hatte das Gespräch belauscht. Sie lachte leise in sich hinein. „Ich soll ein Kind bekommen? Ich bin doch viel zu alt." Da sagte der Fremde: „Warum lacht deine Frau? Traut sie dem Herrn nicht zu, dass er ihr ein Kind schenken kann?" Sara kam aus dem Zelt und rief: „Ich habe gar nicht gelacht!" Sie log, weil sie sich sehr fürchtete.

nach Genesis 18,1–15

Wie kann Gott das von mir verlangen?

Ob das noch gut ausgehen kann?

Abrahams Sohn Isaak

Einige Monate später gebar Sara einen Sohn. Abraham nannte ihn Isaak und hatte ihn sehr lieb. Als Isaak herangewachsen war, wachte Abraham eines Nachts auf und hörte die Stimme Gottes: „Abraham, nimm deinen Sohn Isaak, deinen einzigen Sohn, den du so liebst, und geh mit ihm in das Land Morija! Auf einem Berg sollst du ihn dort als Brandopfer darbringen.“ Abraham konnte nicht glauben, was er gehört hatte.

Am anderen Morgen aber stand er früh auf und machte sich mit Isaak auf den Weg.

Als sie den Berg erreicht hatten, fragte Isaak seinen Vater: „Vater, wo ist denn das Tier, das wir opfern werden?“ „Gott wird schon für das Opferlamm sorgen, mein Sohn“, antwortete Abraham.

Auf dem Berg baute Abraham einen Altar, schichtete Holz darauf und fesselte Isaak. Abraham nahm das Messer in die Hand. Da hörte er plötzlich eine Stimme: „Abraham, Abraham! Tu deinem Sohn nichts zuleide! Rühr ihn nicht an! Jetzt weiß ich, dass du mir alles geben würdest, sogar deinen eigenen Sohn.“ Plötzlich raschelte es hinter Abraham. Ein Widder hatte sich im Gebüsch verfangen.

Schnell nahm Abraham das Tier und opferte es. Da sprach Gott noch einmal zu Abraham: „Du hast getan, was ich von dir verlangt habe. Deswegen will ich dich und deine Nachkommen segnen. Du wirst so viele Nachkommen haben, wie es Sterne am Himmel gibt und Sand am Meer. Durch deine Nachkommen sollen alle Menschen auf dieser Erde gesegnet sein.“

nach Genesis 22,1–18

Ich bin verzweifelt!

1. Sucht euch einen der drei Texte aus, lest ihn und erzählt ihn mit eigenen Worten nach.
2. Beantwortet folgende Fragen: Was gefällt euch an der Geschichte? Was wundert euch daran? Welche Fragen habt ihr an den Text?
3. Schreibt ein Dankgebet Abrahams.

In deinem Schutz

Ich lebe in deinem Schutz, mächtiger Gott.
Ich lebe in deinem Schatten.
Du bist meine Zuflucht, dir vertraue ich.
Du bewahrst mich vor Unheil und Plage.
Du hütest mich bei Tag und Nacht.
Ich hänge mich an dich; du rettest mich.
Du schützt mich, denn du kennst meinen Namen.
Du hörst mich, wenn ich dich rufe.
Du bist bei mir in der Not.
Du machst mein Leben sinnvoll.
Du lässt mich dein Heil schauen, mächtiger Gott.

Eleonore Beck

Mach was!

1. Gestaltet einen Sternenhimmel und schmückt ihn mit Vertrauenssprüchen.
2. Schreibe ein Vertrauensgebet oder ein Dankgebet für dich.

3. Keine Angst – ich bin da

Befrei mein Herz von der Angst,
führe mich heraus aus der Bedrängnis!

Psalm 25,17

Wenn die Angst kommt

Der Nachtvogel

Ein Junge hatte immer große Angst, wenn er nachts allein in der Wohnung sein musste. Seine Eltern gingen oft am Abend fort. Dann konnte der Junge vor Angst nicht einschlafen. Er hörte etwas rauschen, und das war, als ob jemand im Zimmer atmete. Er hörte ein Rascheln und ein Knacken, und das war, als ob sich etwas unter seinem Bett bewegte.

Aber viel schlimmer war der Nachtvogel. Der Junge sah ihn immer ganz still draußen auf der Fensterbank sitzen, und wenn unten ein Auto vorbeifuhr, schlug der Vogel mit den Flügeln, und der Junge sah den riesigen Schatten von den Flügeln an der Zimmerdecke.

Der Junge erzählte seinen Eltern von der Angst. Aber sie sagten nur: „Stell dich doch nicht an! Du bildest dir das alles nur ein." Und sie gingen immer wieder am Abend fort, weil sie den Vogel nicht sehen konnten, weil sie das alles nicht glaubten.

Einmal war der Junge wieder allein, und es schellte an der Wohnungstür.

Der Junge wurde steif vor Angst. Wieder schellte es.

Es schellte und schellte. Dann war es still, lange Zeit war es still.

Dann kratzte etwas an der Hauswand. Da war der Vogel! Jetzt kletterte er mit seinen Krallen an der Mauer hoch. Jetzt war er an der Fensterbank. Und jetzt schlug er mit seinem Schnabel an die Scheibe! Einmal, zweimal, immer wieder, immer lauter, und gleich würde das Glas zerbrechen, gleich würde der Vogel ins Zimmer springen!

Der Junge packte die Blumenvase vom Tisch neben dem Bett.

Er schleuderte sie zum Fenster. Das Glas zersplitterte. Wind fuhr ins Zimmer, dass der Vorhang hoch an die Wand schlug, und der Vogel war fort.

Ursula Wölfel

1. Wie hat sich der Junge von seiner Angst befreit?
2. Was hilft, wenn man Angst hat?

Der Sturm auf dem See

Nach dem Tod und der Auferstehung Jesu hielten die Freunde Jesu fest zusammen. Die ersten Christen wurden nicht überall gern gesehen. Sie wurden sogar vom römischen Kaiser jahrelang verfolgt. Sie setzten oft ihr Leben aufs Spiel, wenn sie sich zur Botschaft Jesu offen bekannten.
Sie erlebten stürmische Zeiten, in denen ihnen der Wind eisig ins Gesicht blies. Viele wurden gefangen genommen und getötet. In Stunden großer Angst erinnerten sie sich an Jesus, und wie sie ihn in jenen Tagen erlebt hatten. Die wunderbare Erzählung vom Sturm auf dem See gab ihnen Mut und Gewissheit: Jesus lebt und ist mit uns im Boot.
Der Evangelist Lukas hat sie aufgeschrieben, damit wir das nie vergessen:

Eines Tages stieg er mit seinen Jüngern in ein Boot und sagte zu ihnen: „Wir wollen ans andere Ufer des Sees hinüberfahren." Und sie fuhren ab. Während der Fahrt aber schlief er ein.
Plötzlich brach über dem See ein Wirbelsturm los; das Wasser schlug in das Boot, und sie gerieten in große Gefahr.
Da traten sie zu ihm und weckten ihn; sie riefen: „Meister, Meister, wir gehen zugrunde!"
Er stand auf, drohte dem Wind und den Wellen, und sie legten sich, und es trat Stille ein. Dann sagte er zu den Jüngern: „Wo ist euer Glaube?"
Sie aber fragten einander voll Schrecken und Staunen: „Was ist das für ein Mensch, dass sogar die Winde und das Wasser seinem Befehl gehorchen?"

Lukas 8,22–25

1. Gestaltet eine Klanggeschichte zu den Geschichten „Der Nachtvogel" und „Der Sturm auf dem See". Vergleicht.
2. Was geht den Männern im Boot durch den Kopf?

Im Meer der Angst nicht untergehn

Dem Strom der Zeit entgegenstehn
Im Meer der Angst nicht untergehn
Die Flut der Tränen überstehn
In Gottes Augen Zukunft sehn

Am Horizont das Ufer sehn
Dem Sturm der Zeit fest widerstehn
Am Abend schon den Morgen sehn
In Gottes Spuren weitergehn

Den eignen Weg zu Ende gehn
Am Ende neu den Anfang sehn
Vertrauend übers Wasser gehn
In Gottes Armen auferstehn

Mach was!

1. Sammle Mutmachgeschichten aus der Bibel und aus anderen Büchern. Gestalte damit dein eigenes Mut-tut-gut-Buch.
2. Suche dir einen Psalmvers, der dir Mut macht, und gestalte dazu ein Bild oder eine Postkarte.

4. Was krumm ist, soll gerade werden

Wer kann dich wirklich glücklich machen?
Deine Mama, dein Papa?
Oma oder Opa? Tante oder Onkel?
Dein bester Freund? Deine liebste Freundin?
Dein Teddybär oder dein Schoßhund?

Es gibt wahrscheinlich nur einen Menschen,
der dich wirklich glücklich machen kann:
Willst du ihn sehen, dann stell dich vor einen Spiegel,
schau ihm in die Augen und schenk ihm ein Lächeln:
Wie gut, dass es dich gibt!

Ein glückliches Kind?

Der Kasimir kriegte so ziemlich alles, was er wollte.
„Ich will einen ferngesteuerten Hubschrauber“, sagte der Kasimir.
Der Vater kaufte dem Kasimir einen ferngesteuerten Hubschrauber.
„Ich will eine gestreifte Trommel“, sagte der Kasimir wenig später. Die Mutter kaufte dem Kasimir eine gestreifte Trommel. „Ich will ein U-Boot mit Funk“, sagte der Kasimir nach einer Woche. Der Vater kaufte dem Kasimir ein U-Boot mit Funk. „Ich will ein Polizeiauto“, sagte der Kasimir. Die Mutter kaufte dem Kasimir ein Polizeiauto. „Ich will eine blaue Tankstelle“, sagte der Kasimir. Der Vater seufzte und kaufte dem Kasimir eine blaue Tankstelle. „Ich will ein Indianerzelt“, sagte der Kasimir. Die Mutter seufzte auch und kaufte dem Kasimir ein Indianerzelt. Doch dann wollte der Kasimir wieder was. Und damit fingen die Schwierigkeiten an.

„Ich will einen Plüschbär, der ‚miau‘ sagt“, sagte der Kasimir. „Den gibt es nicht“, sagte der Vater gleich. Weil aber Kasimir darauf bestand, liefen die Eltern in der Stadt herum und suchten nach einem Plüschbären, der ‚miau‘ sagt. „Es gibt keinen Plüschbären, der ‚miau‘ sagt“, sagte die Mutter.

Der Kasimir jedoch wollte nichts auf der Welt als nur diesen Bären.

Da fuhren die Eltern in die Nachbarstädte. Aber sie kamen mit leeren Händen zurück. „Es gibt keinen Plüschbären, der ‚miau‘ sagt“, sagten sie. „Spiel mit etwas anderem. Du hast doch so vieles.“

Der Kasimir war lange still. Dann nahm er den ferngesteuerten Hubschrauber und warf ihn zum Fenster hinaus. Er warf die gestreifte Trommel zum Fenster hinaus, das U-Boot, das Polizeiauto, die Tankstelle und das Indianerzelt. Und als er das getan hatte, setzte er sich auf den Boden und weinte.

Gina Ruck-Pauquèt

1. Was wünschst du dir? Was wünschst du anderen? Schreibe einen Wunschzettel für dich und einen zweiten für andere Menschen.

Advent: Zeit der Umkehr

Im Advent bereiten wir Christen uns auf das Weihnachtsfest vor.
Wir suchen Möglichkeiten der Besinnung und haben gute Vorsätze.
„Wir warten auf das Christkind", sagen wir und meinen den Erlöser Jesus Christus, Gottes Sohn.
Der Adventskranz sagt uns:
„Jesus, das Licht der Welt, ist nahe!"

In jenen Tagen trat Johannes der Täufer auf und verkündete in der Wüste von Judäa: „Kehrt um! Das Himmelreich ist nahe." Er war es, von dem der Prophet Jesaja gesagt hat: „Eine Stimme ruft in der Wüste: Bereitet dem Herrn den Weg! Ebnet ihm die Straßen! Was krumm ist, soll gerade werden, was hügelig ist, wird ebener Weg."

Johannes trug ein Gewand aus Kamelhaaren und einen ledernen Gürtel um seine Hüften; Heuschrecken und wilder Honig waren seine Nahrung. Die Leute von Jerusalem und ganz Judäa und aus der Jordangegend zogen zu ihm in die Wüste; sie bekannten ihre Sünden und ließen sich im Jordan von ihm taufen.

nach Matthäus 3,1–6
und Jesaja 40,3–4

Zeit der Besinnung

Der wichtigste Fasttag der Juden heißt Jom Kippur.
Er wird in der Synagoge, dem Gebetshaus der Juden, verbracht.
Jom Kippur beginnt am Vorabend und endet mit dem Sonnenuntergang. Den ganzen Tag wird weder gegessen noch getrunken.
Die Gläubigen beten und bitten Gott um Vergebung ihrer Sünden.

Die große Festzeit der Moslems ist der Fastenmonat Ramadan.
29 Tage lang darf tagsüber weder gegessen noch getrunken werden.
Erst nach dem Abendgebet und vor Sonnenaufgang wird eine üppige Mahlzeit eingenommen.
Am Ende der Fastenzeit wird das große Fest des Fastenbrechens gefeiert.

Mehr als in anderen Religionen wird bei den Buddhisten gefastet.
Die Mönche essen meist nur eine Mahlzeit am Tag.
Das Leben wird reicher, sagen sie, durch Arbeit, Lesen, Singen und Beten als durch üppiges Essen und viel Geld.

Von nun an kannst du jeden Tag zu mir kommen

In jenen Tagen war es still geworden im alten Stall. Dort, wo die Hirten noch in der Nacht anbetend gekniet hatten, schaute ein kleiner, schüchterner Junge durch den Türspalt. „Komm ruhig näher“, hörte er das Kind in der Krippe sagen. „Hab keine Angst! Ich bin doch bei dir!“ „Aber ich habe dir doch gar nichts mitgebracht“, antwortete der Junge. „Macht nichts!“, meinte das Kind, „ich möchte mir nämlich etwas von dir wünschen.“
Der fremde Junge war überrascht: „Welchen Wunsch könnte ich dir denn erfüllen, ich habe doch nichts zu verschenken!“ Dabei kramte er in seiner ausgebeulten Tasche. „Hier! Ich habe diesen Stein gefunden. Den schenk ich dir.“
„Danke“, sagte das Kind, „doch behalte ihn. Denn ich möchte drei andere Dinge von dir.“ „Was sollte das sein?“, fragte der Junge zögernd. „Schenk mir das Bild, das du neulich gemalt hast.“ Der Junge wurde ganz verlegen: „Ach, das Bild war doch so blöd, keiner wollte es sehen.“ „Aber mir gefällt es,“ sagte das Kind in der Krippe, „ich freu mich darüber, weil es dein Bild ist.“„Und dann“, fuhr das Kind fort, „bring mir deinen Krug.“ „Aber der ist mir doch zerbrochen“, stotterte der Junge. „Darum schenk mir die Splitter“, sagte das Kind. „Du darfst mir alles bringen, was dir im Leben nicht gelingt. Dann kannst du aus deinen Fehlern lernen.“
„Und als Drittes“, sagte es nach einer Weile, „gib mir die Antwort, die du deiner Mutter gegeben hast, als sie dich fragte, wer den Krug im Flur zerbrochen habe.“ Da wurde der Junge rot, weil er sich schämte. „Ich habe gesagt, ich sei über den Krug gestolpert. Aber das war eine Lüge. In Wirklichkeit habe ich ihn aus Wut auf die Erde gedonnert!“ „Jetzt sagst du die Wahrheit“, sagte das Christkind. „Du kannst mir immer ehrlich sagen, was du auf dem Herzen hast, auch deine Lügen, deine Wut, deine Feigheit und Angst. Du brauchst sie nicht wirklich. Das wird dich froh machen. Ich kann dich annehmen, so wie du bist, mit all deinen Schwächen. Ich will dir vergeben, wenn du sie ehrlich bereust. Von heute an kannst du immer wieder zu mir kommen.“

nach einer Legende

Mach was!

1. Lege ein Adventstagebuch an und halte jeden Abend fest: Was hast du heute gemacht? Was war besonders schön? Was ist misslungen? Was nimmst du dir für morgen vor?
2. Überlegt, wie ihr die Adventszeit in eurer Klasse als Zeit der Besinnung und guten Vorsätze gestaltet.

5. Menschen im Dunkeln hoffen

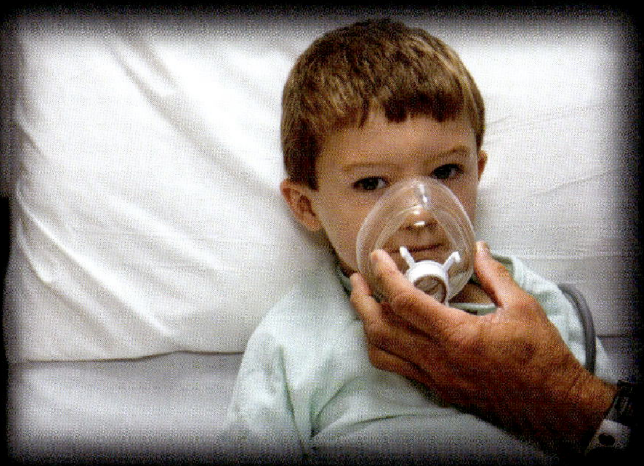

Not hat viele Gesichter.

Der Teufelskreis

Wir heißen Vinod und Nayendra, Maria, Alfredo, Fatima, Thong und Sarah.
Wir haben viele Namen.
Wir sind Kinder.
Wir leben weit fort von dir. In Afrika. In Asien. In Lateinamerika.
Zwischen dir und uns liegt ein weiter Weg. So weit, dass wir uns nie begegnen werden. Und doch sind wir dir sehr nahe.
Wir sind dir nahe, wenn du mit deinen Füßen über einen weichen Teppich gehst.
Knoten um Knoten haben wir geknüpft. Bis in die Nacht hinein.
Der feine Wollstaub setzte sich in unseren Lungen fest.
Lohn bekamen wir kaum. Dafür um so mehr Schläge.
Wir sind dir nahe, wenn du deinen Kassettenrekorder einschaltest.
Denn die Chips, diese verflucht kleinen Dinger, haben wir zusammengesetzt, bei schlechtem Licht, bis uns die Augen wehtaten.
Wir sind dir nahe, wenn du eine Konservendose öffnest.
Denn das Zinn für die Dose haben wir in einem dunklen Stollen aus dem Felsen geschlagen und auf unseren Rücken ans Licht geschleppt.
Wir sind dir nahe, wenn du ein Stück Fleisch isst.
Denn das Sojamehl, mit dem das Rind gefüttert wurde, wuchs auf einem Feld, auf dem Mais und Gemüse für uns hätten wachsen können.
Wir sind dir nahe, wenn du eine Banane schälst.
Denn unser Vater hat sie gepflückt, aber dafür nur so wenig Lohn erhalten, dass es zum Leben nicht reicht.
Darum müssen wir mithelfen und können keine Schule besuchen.
Wir sind dir nahe. Ganz oft. Ohne dass du es weißt.
Wir sind dir nahe, wenn du dir einen Wunsch erfüllst.
Denn viele Wünsche kannst du dir nur erfüllen,
weil wir sie uns nicht erfüllen können.
Wir sind dir nahe.

Hans-Martin Große-Oetringhaus

Der Prophet Jesaja fordert im Namen Gottes:

Löst die Fesseln eurer Brüder und Schwestern, nehmt das drückende Joch von ihrem Hals, macht jeder Unterdrückung ein Ende! Gebt den Hungrigen zu essen, nehmt Obdachlose in euer Haus, kleidet den, der nichts anzuziehen hat, und helft allen in eurem Volke, die Hilfe brauchen.

nach Jesaja 58,6–7

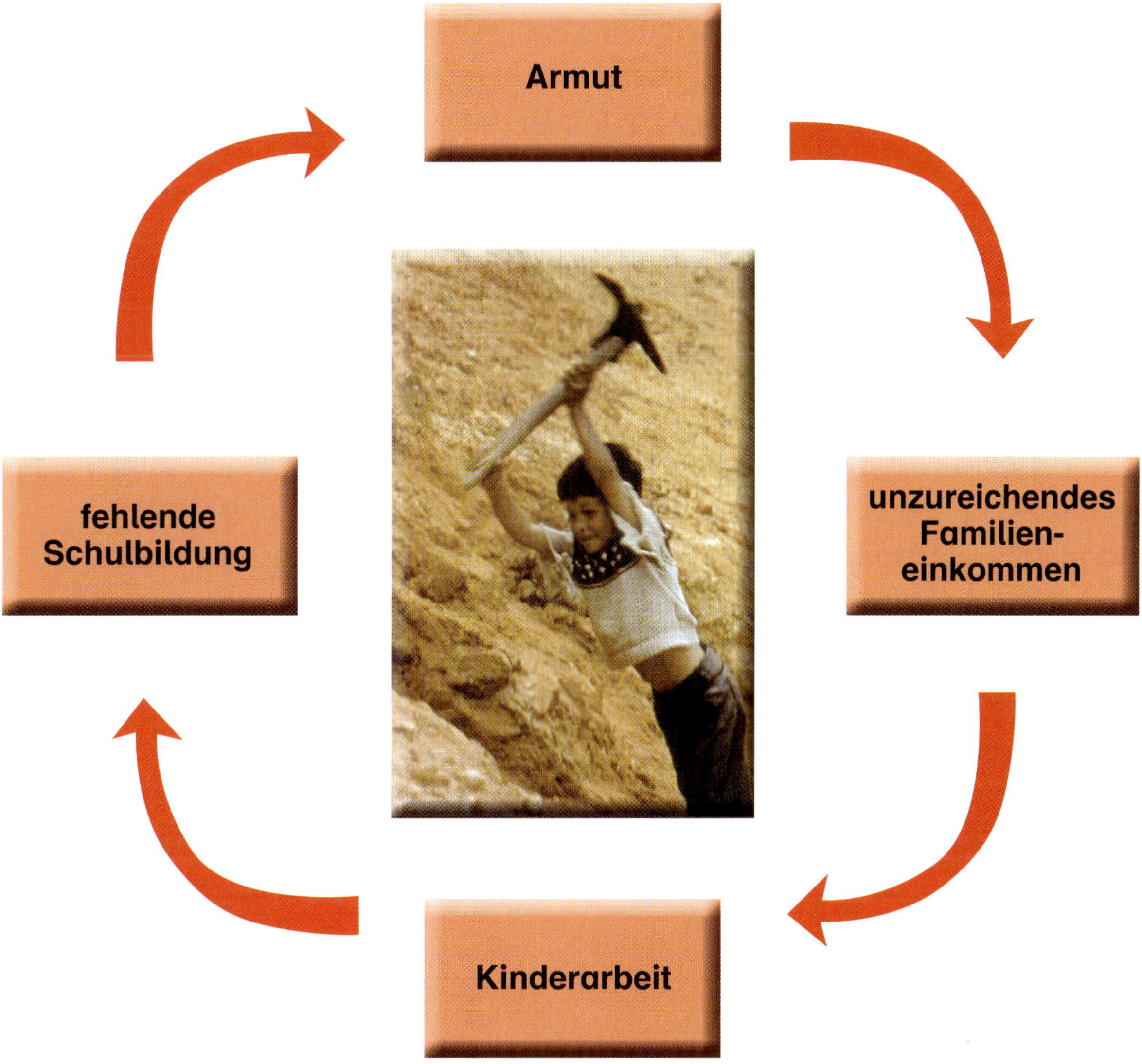

1. Woher kann Armut kommen? Fragt eure Eltern und Bekannten.
2. Erstellt aus Schlagzeilen und Fotos in Zeitungen eine Collage zum Thema „Not vor unserer Haustür“.

Der barmherzige Samariter

Ein Lehrer des Gesetzes stand auf. Er wollte Jesus auf die Probe stellen und fragte ihn: „Rabbi, was muss ich tun, damit ich das ewige Leben bekomme?“ Jesus sagte zu ihm: „Lies im Gesetz nach. Was steht dort?“
Er antwortete: „Du sollst den Herrn, deinen Gott, lieben mit ganzem Herzen und ganzer Seele, mit all deiner Kraft und all deinen Gedanken – und: Deinen Nächsten sollst du lieben wie dich selbst.“
Jesus sagte zu ihm: „Du hast richtig geantwortet. Tu dies und du wirst ewig leben.“ Der Lehrer des Gesetzes aber wollte erklären, warum er gefragt hatte. Deshalb sagte er zu Jesus: „Wer ist denn mein Nächster?“
Darauf erzählte ihm Jesus dieses Gleichnis:

Ein Mann ging von Jerusalem nach Jericho hinunter. Auf dem Weg wurde er von Räubern überfallen. Sie nahmen ihm alles weg und schlugen ihn nieder. Dann machten sie sich davon und ließen ihn halb tot liegen.
Zufällig **kam** ein Priester denselben Weg herab; er **sah** ihn und **ging weiter**. Auch ein Levit **kam** zu der Stelle; er **sah** ihn und **ging weiter**.
Dann **kam** ein Mann aus Samaria, der auf einer Reise war. Als er den Verwundeten **sah**, hatte er **Mitleid** mit ihm. Er **ging zu ihm hin**, goss Öl und Wein über seine Wunden und verband sie. Dann hob er ihn auf sein Reittier. Er brachte ihn in ein Gästehaus und sorgte für ihn.
Am anderen Morgen holte er zwei Denare hervor. Die gab er dem Wirt und sagte: „Sorge für diesen Mann. Und wenn du mehr Geld für ihn brauchst, werde ich es dir bezahlen, wenn ich zurückkomme.“

Jesus fragte den Lehrer des Gesetzes: „Was meinst du:
Wer von diesen dreien ist der Nächste gewesen für den Mann,
der von den Räubern überfallen wurde?“
Der Lehrer des Gesetzes antwortete:
„Derjenige, der ihm aus Mitleid geholfen hat.“
Da sagte Jesus zu ihm: „Dann geh hin und mach es genauso!“

nach Lukas 10,25–37
und Deuteronomium 6,4–5

Wenn das Herz Hände bekommt

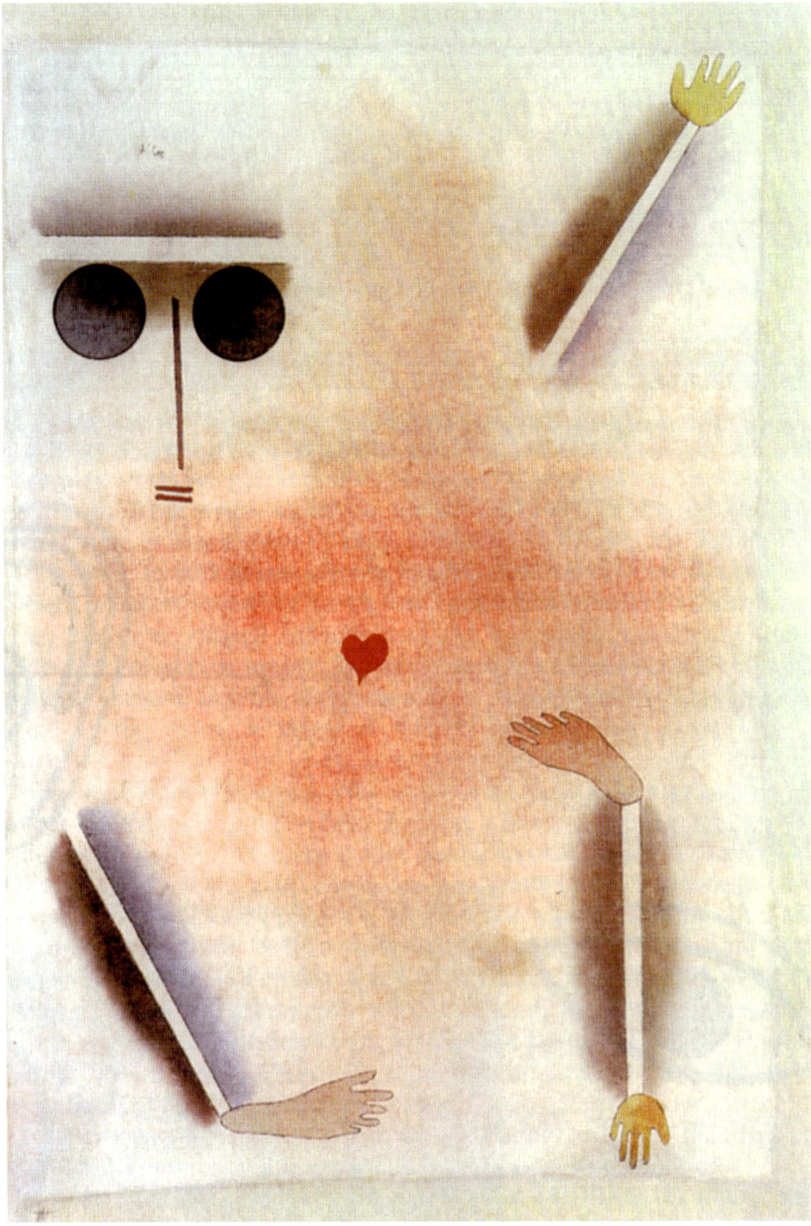

1. Stelle auf Tonpapierscheiben dar, was du mit anderen teilen möchtest.
2. Viele Kinder helfen Kindern in Not, indem sie sich an Projekten des Kindermissionswerkes beteiligen. Wenn ihr auch mithelfen möchtet, könnt ihr euch an folgende Adresse wenden: Kindermissionswerk, Stephanstraße 35, 52072 Aachen.

6. Anders sehen

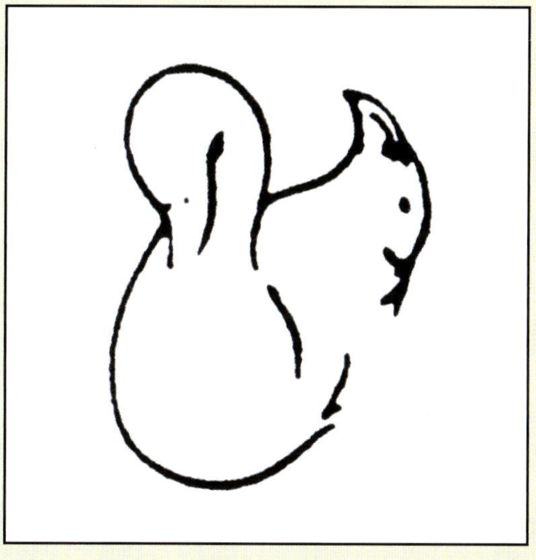

Schwarze Augen

Ich heiße Mathieu und sehe niemandem ähnlich.
Ich habe Locken wie ein Schaf, eine kleine Mäusenase und kohlrabenschwarze Augen.
Sie sind schön, meine Augen, aber sie sehen nichts. Denn ich bin blind.
Seit meiner Geburt.
Im Dunkeln habe ich keine Angst.
Weil ich immer im Dunkeln bin.

Ich habe aber nicht nur die zwei Augen, die nichts sehen. Ich habe noch andere Augen, mit denen ich alles sehe. Ich habe Ohrenaugen, die mir die Farben der Vogelstimmen verraten, Fingeraugen, die dem Unsichtbaren eine Gestalt geben, und Augen an den Zehen, die mir sagen, ob das Gras noch feucht ist. Ich habe Nasenaugen, mit denen ich Menschen und Popcorn sofort am Geruch erkennen kann, und ich habe Mundaugen, die mir zeigen, wie alles schmeckt.
Das sind insgesamt sechsundzwanzig Augen, die mir den Weg durch die Nacht zeigen.

Ich wache auf und kuschle mich an meinen Teddybären. Sein Herz schlägt: TOC ... TOC ... Blinzelnd öffnet er ein Auge. Dann gähnt er und sagt: „Das Wetter ist schön, die Sonnenstrahlen blitzen schon durch die Vorhänge.“ Aber das wusste ich längst. Weil die Vögel an einem sonnigen Morgen lauter zwitschern als sonst, weil die Luft dann voll sonniger Wärme ist und die Blumen bis in mein Zimmer duften.

Ich stehe auf. Sofort öffnet sich in meinem Kopf eine Schublade.
Dort habe ich die Geheimpläne versteckt, auf denen ich meinen Weg durch unser Haus finde.

Gilles Tibo

Bartimäus kann wieder sehen

Vor der Stadt Jericho saß ein blinder Mann und bettelte. Er hatte alte, zerrissene Kleidung an und kauerte am Wegesrand. Wenn sich Schritte näherten, horchte er auf und hob seinen Kopf. Dann streckte er die Hände aus und rief: „Habt Erbarmen mit mir! Gebt mir Geld, damit ich etwas zu essen kaufen kann!“
Der Bettler hieß Bartimäus. Jeden Tag saß er dort, von morgens bis abends. Einige Menschen warfen ihm Münzen zu, andere beachteten ihn überhaupt nicht.

An einem Tag merkte Bartimäus, dass etwas anders war als sonst. Viele Menschen strömten an ihm vorbei. Die Straßen waren voll von ihnen und es war laut. Die Leute schrien durcheinander und drängelten. Da fragte Bartimäus: „Was ist hier los? Warum sind hier so viele Menschen?“ Jemand rief dem Blinden zu: „Weißt du das denn nicht? Heute kommt Jesus hierher! Gleich ist er da!“
Da wurde Bartimäus ganz aufgeregt: „Jesus sollte kommen? Er war doch der Retter, auf den alle warteten.“ Bartimäus dachte: „Hoffentlich übersieht Jesus mich nicht!“

Da schrie Bartimäus los: „Sohn Davids, Jesus, hab Erbarmen mit mir!“ Die Menschen wurden zornig und beschimpften Bartimäus: „Schrei nicht so laut! Jesus hat keine Zeit für dich!“ Aber da rief Bartimäus noch viel lauter: „Jesus, komm zu mir. Hab Erbarmen mit mir!“ Bartimäus hörte nicht auf zu schreien, bis er eine Stimme hörte: „Bringt ihn zu mir!“

Plötzlich wurde es still. Die Leute sagten zu Bartimäus: „Steh auf, er ruft dich!“ Bartimäus erhob sich und tastete sich an den Leuten vorbei, bis er vor Jesus stand. Jesus sagte: „Was willst du, Bartimäus? Was soll ich für dich tun?“ „Herr“, antwortete Bartimäus, „ich möchte wieder sehen können!“ Da sprach Jesus: „Geh! Dein Glaube hat dir geholfen.“
Im gleichen Augenblick konnte Bartimäus mit seinen Augen wieder sehen. Er sah den Himmel und die Erde, die Blumen und die Menschen, die Tiere – und er sah Jesus. Er fiel vor ihm auf die Knie und dankte ihm. Als Jesus weiterging, folgte Bartimäus ihm.

nach Markus 10,46–52

Unsinn, was soll das denn hier?

Gott hat ihn erhört!

Was fällt dem denn ein?

Das ist der Messias!

Wie? Bartimäus kann wieder sehen?

1. Ordne die Aussagen der umstehenden Menschen.
2. Was könnte Bartimäus dazu sagen?
3. Sowohl in der Geschichte von Mathieu als auch in der Geschichte von Bartimäus kommt das Wort *sehen* vor. Worin liegt der Unterschied?

Sehen und handeln

Sehen bedeutet mehr als gucken können:

Geh mir aus den Augen!

Sie ist blind vor Wut.

Ich folge dir blind.

Er traut seinen Augen nicht.

Verschließ deine Augen nicht davor!

Liebe macht blind.

Er lässt ihn blindlings liegen.

Wo hast du denn nur deine Augen?

Dafür hast du einen Blick.

Er hat nur Augen für dich.

Ich kann dich nicht mehr sehen!

Mach was!

1. Überlegt, was die Sprichwörter bedeuten.
2. Denkt euch Situationen zu den Sprichwörtern aus und spielt sie.

7. Die Saat geht auf

Der Sämann, der geht heute früh schon aufs Feld hinaus,
sät Schritt für Schritt mit der Hand Samenkörner aus.
Er schreitet fest auf und ab, stumm den ganzen Tag,
fragt, was es bringen mag:
Was wird wohl werden?
Wird es verderben?
Kann es gelingen,
reiche Frucht zu erbringen?

Die Saat geht auf – trotz Schwierigkeiten

Jesus erzählt vom Reich Gottes

Ein Sämann ging aufs Feld, um Körner zu säen.
Und als er säte, fiel ein Teil der Körner auf den Weg:
Sie wurden zertreten
und die Vögel pickten sie auf.

Ein anderer Teil fiel auf harten Fels.
Und als die Saat aufging, verdorrte sie, weil ihr die Wurzeln fehlten.

Ein anderer Teil fiel mitten unter die Dornen.
Die Dornen aber wuchsen mit der Saat hoch
und erstickten sie.

Ein anderer Teil schließlich
fiel auf guten Boden,
ging auf und brachte reiche Frucht:
30-fach, 60-fach, 100-fach!

nach Markus 4,3–9

Die Saat geht auf – über den Tod hinaus

Ich brauche dich

In einem Garten wuchs ein herrlicher Bambusbaum. Der Herr des Gartens hatte seine Freude an ihm. Eines Tages blieb er vor ihm stehen und sagte: „Lieber Bambus, ich brauche dich!“ Sofort antwortete der Baum: „Herr, ich bin bereit, gebrauche mich, wie du willst!“
Die Stimme des Herrn wurde ernst: „Aber dafür muss ich dir deine Blätter und Äste abschneiden!“ Da erzitterte der Baum. Schließlich sagte er leise: „Herr, wenn du mich anders nicht gebrauchen kannst, dann schneide sie ab!“
„Ich muss dir noch mehr antun“, begann der Besitzer wieder, „ich muss dich mitten durchschneiden und dich zerspalten! Wenn ich das nicht darf, kann ich dich nicht gebrauchen!“
Es dauerte lange, bis der Bambus sich zur Erde neigte und bis ins Mark getroffen flüsterte: „Herr, dann schneide und teile.“
Und der Herr schnitt den Bambus, hieb seine Äste ab, streifte seine Blätter fort und spaltete ihn in zwei Teile. Dann trug er ihn mitten durch die trockenen Felder zu einer Quelle. Dort verband er mit dem Bambusstamm die Quelle mit der Wasserrinne im Feld. Und das klare Wasser schoss durch den zerteilten Körper des Bambus in den Kanal und floss auf die dürren Felder, um eine reiche Ernte möglich zu machen.

So wurde der herrliche Bambus erst zum großen Segen, als er gebrochen und zerschlagen war.

Willi Hoffsümmer

1. Was gefällt euch an dem Bambusbaum? Was wundert euch daran?
2. Erzählt andere Geschichten, in denen jemand sein Leben für andere gewagt oder sogar geopfert hat.
3. Johannes spricht vom Weizenkorn. Was ist damit gemeint? Tauscht euch aus.

Amen. Ich sage euch:
Wenn das Weizenkorn
nicht in die Erde fällt und stirbt,
bleibt es allein;
wenn es aber stirbt,
bringt es reiche Frucht.

Johannes 12,24

Alle Knospen springen auf

Text: Wilhelm Willms
Melodie: Ludger Edelkötter

2. Alle Menschen auf der Welt fangen an zu teilen.
Alle Wunden, nah und fern, fangen an zu heilen.
Menschen teilen – Wunden heilen.
Knospen blühen – Nächte glühen.

3. Alle Augen springen auf, fangen an zu sehen.
Alle Lahmen stehen auf, fangen an zu gehen.
Augen sehen – Lahme gehen.
Menschen teilen – Wunden heilen.
Knospen blühen – Nächte glühen.

Mach was!

1. Erfindet einen Tanz zu dem Lied.
2. Stell dir vor, über Nacht ist ein großes Wunder geschehen und das Reich Gottes ist dir ganz nah gekommen. Woran merkst du das? Male, schreibe oder spiele deine Idee dazu!

8. Mose – Gott führt sein Volk

Gott befreit aus der Sklaverei

So wie Gott ihn beauftragt hatte, forderte Mose den Pharao auf, das Volk der Israeliten freizulassen. Der Pharao weigerte sich jedoch, denn da er die Israeliten wie Sklaven arbeiten ließ, waren sie billige und wertvolle Arbeitskräfte. Er ließ sie nun noch härter arbeiten und von seinen Aufsehern noch mehr unterdrücken. Die Sklaverei wurde für die Israeliten unerträglich, und sie schrien zu Gott. Der Herr ließ schlimme Katastrophen über die Ägypter kommen, aber noch immer weigerte sich der Pharao, die Israeliten freizulassen. Erst als in einer Nacht die Erstgeborenen der Ägypter getötet wurden, und mit ihnen der Sohn des Pharao, ließ er Mose rufen und befahl ihm, sofort das Land mit seinen Leuten zu verlassen. Er hatte nämlich Angst, dass alle Ägypter sterben würden.

Dann brachen die Israeliten eilig auf. Am Tag zeigte der Herr ihnen in einer Wolkensäule den Weg, in der Nacht leuchtete er ihnen in einer Feuersäule. So führte Gott sein Volk. Nach einiger Zeit erreichten die Israeliten das große Meer. Als sie ihr Lager aufgeschlagen hatten, hörten sie Lärm hinter sich. Das war die große Streitmacht des Pharao. Er hatte seine Meinung wieder geändert. Da schrien sie zum Herrn. Zu Mose sagten sie: „Du bist schuld! Wir sitzen in der Falle." Mose aber entgegnete: „Habt keine Angst. Der Herr wird euch retten."

Dann sprach der Herr zu Mose: „Strecke deine Hand über das Wasser und teile es! Dann werden die Israeliten durch das Meer ziehen können. Ich will dem Pharao zeigen, dass ich der Herr bin." Da streckte Mose seine Hand aus. Ein starker Wind kam auf und das Wasser teilte sich. Die Israeliten zogen auf trockenem Boden durch das Meer. Die Ägypter verfolgten sie und zogen hinter ihnen ins Meer hinein.

Am frühen Morgen blickte der Herr aus der Feuer- und Wolkensäule auf die Ägypter und brachte sie in Verwirrung. Er hemmte die Räder an ihren Wagen und ließ sie nur schwer vorankommen. Da riefen die Ägypter: „Schnell zurück! Sonst sind wir verloren. Der Gott der Israeliten ist gegen uns." Zu Mose aber sprach der Herr: „Strecke deine Hand wieder über das Meer, damit die Wasserfluten zurückkommen!" So tat Mose, und dann begrub das Wasser Wagen und Reiter unter sich.
Als das Volk der Israeliten das sah, fürchtete es den Herrn. Es glaubte an ihn, und sie vertrauten Mose, seinem Knecht.

nach Exodus 13,17–14,31

Die Zehn Gebote

Nach vielen langen Wochen kamen die Israeliten an den Berg Sinai. Sie schlugen dort ihre Zelte auf und lagerten gegenüber dem Berg. Mose stieg auf den Berg hinauf. Dort sprach Gott zu ihm: „Das sollst du dem Volke Israel sagen: ‚Ihr habt gesehen, was ich den Ägyptern angetan habe, wie ich euch befreit und hierher gebracht habe. Wenn ihr jetzt auf meine Stimme hört und meine Gebote befolgen wollt, schließe ich einen Bund mit euch. Dann werdet ihr unter allen Völkern mein besonderes Eigentum sein.' "
Mose überbrachte die Worte Gottes dem Volke Israel.
Einstimmig antwortete das Volk: „Alles, was der Herr gesagt hat, wollen wir tun."
Am dritten Tag danach, im Morgengrauen, wurde der Himmel plötzlich ganz schwarz. Es donnerte und blitzte und der ganze Berg bebte und rauchte. Über dem Berg schwebte eine riesige schwarze Wolke.
Mose stieg wiederum auf den Berg und empfing dort die Gebote Gottes.

nach Exodus 19,2–9 und Exodus 19,16–19

Ich bin der Herr, dein Gott, der dich aus Ägypten geführt hat, aus dem Sklavenhaus.

1. Du sollst neben mir keine anderen Götter haben.

2. Du sollst den Namen Gottes nicht missbrauchen.

3. Gedenke, dass du den Sabbat heiligst.

4. Du sollst Vater und Mutter ehren.

5. Du sollst nicht morden.

6. Du sollst nicht die Ehe brechen.

7. Du sollst nicht stehlen.

8. Du sollst nicht falsch gegen deinen Nächsten aussagen.

9. Du sollst nicht die Frau deines Nächsten haben wollen.

10. Du sollst nicht das Eigentum deines Nächsten haben wollen.

nach Exodus 20,1–17
und Deuteronomium 5,6–12

❶ Denke über die Zehn Gebote nach. Zeige an Beispielen auf, dass sie auch heute noch Bedeutung haben.

❷ Welches Gebot ist für dich besonders wichtig? Warum?

Stein auf Stein

Text: Reinhard Feuersträter
Melodie: Reinhard Horn

Mach was!

1. Baut aus Pappe mehrere Häuser und beschriftet die Steine mit Rechten, Pflichten und Regeln, nach denen alle Menschen friedlich und glücklich zusammenleben können. Vergleicht eure Ideen mit den Geboten.
2. Stellt die Häuser zu einer Stadt zusammen und zeichnet Straßen in eure Stadt ein. Gebt den Straßen Gottesnamen (z. B. „Zum guten Hirten").

9. Der Glaube der Juden

Thorarollen

Gebetsriemen

Menora

Synagoge

Yad

Simon erlebt das Sedermahl*

Schon einige Tage war nun meine Mutter damit beschäftigt, im Haus alles in Ordnung zu bringen und zu putzen. Jeder Rest von Gesäuertem musste entfernt werden.
Alle Schränke wurden geöffnet, das Sofa wurde von der Wand gezogen, im ganzen Haus roch es nach Putzmittel. Auch ich musste mein Zimmer aufräumen. Mein Vater beschäftigte sich ausgiebig mit dem Säubern der Küche und der Speisekammer. Manchmal holte er sich dafür auch Rat beim Rabbi**.
Schließlich war im Haus alles vorbereitet. Meine Eltern hatten alles eingekauft, was wir für das Sedermahl brauchten.

Als mein Onkel mit seiner Familie eintrifft, werde auch ich langsam nervös. In diesem Jahr darf ich bei unserem Mahl die vier Fragen stellen. Schließlich ist es soweit. Vater leitet heute den Seder und spricht den Kiddusch***. Wir nehmen nun erst die Petersilie und tauchen sie in das Salzwasser.
Mein Vater schaut mich an. Jetzt bin ich an der Reihe und frage:

- Was unterscheidet diese Nacht von allen anderen Nächten?
- In allen anderen Nächten können wir gesäuertes und ungesäuertes Brot essen, in dieser Nacht nur ungesäuertes?
- In allen anderen Nächten können wir allerhand Kräuter essen, in dieser Nacht nur bittere Kräuter?
- Warum feiern wir dieses Fest?

Mein Vater antwortet:
„Einst waren wir Knechte des Pharao in Ägypten, da führte uns der Ewige, unser Herr, heraus von dort, mit starker Hand und mit ausgestrecktem Arm. Und hätte der Heilige, gelobt sei sein heiliger Name, unsere Vorfahren nicht aus Ägypten herausgeführt, so wären wir, unsere Kinder und alle unsere Nachkommen den Pharaonen in Ägypten dienstbar geblieben. Darum: Wären wir auch alle weise, alle verständig, alle erfahren und alle schriftgelehrt, so ist es dennoch unsere Pflicht, vom Auszug aus Ägypten zu erzählen und jeder, der ausführlich vom Auszug aus Ägypten erzählt, ist lobenswert."

Nach diesen Worten beginnt nun mein älterer Bruder diese Geschichte, die Haggada, vorzulesen.

* Seder, Sedermahl (hebr. Ordnung): Es bezeichnet die Feier, in der die Juden sich an den Auszug aus Ägypten erinnern. Mose führte die Menschen aus der Sklaverei durch die Wüste in das Land, das Gott ihnen versprochen hatte. Das hast du in Kapitel 8 schon gelernt.

** Rabbi (hebr. Meister/Lehrer): Er kennt sich in den Schriften des Judentums besonders gut aus. In religiösen Fragen wird er um Rat gefragt.

*** Kiddusch (hebr. Segen/Heilung): Während des Mahls wird ein besonderer Segen gesprochen.

Jakobs Traum von der Himmelsleiter

❶ Was erzöhlt dieser Mann seinem besten Freund von dieser Nacht?

Jesus hat das Sedermahl damals auch gefeiert. Er wuchs als jüdischer Junge auf.
Er kannte die Thora sogar noch besser als viele Erwachsene. Sie ist das wichtigste Buch im Judentum und beschreibt die Anfänge der Geschichte mit Gott und dem auserwählten Volk Israel. In dieser Geschichte aus der Thora wird Jakob – der später den Namen ‚Gottesstreiter' (übersetzt: Israel) bekommt – von Gott auserwählt. Er träumte – wie Abraham – von dem verheißenen Land.
Im Sedermahl feiern die Juden die Erfüllung dieses Traumes. Unter der Führung des Mose führte Gott sein Volk in das verheißene Land.

Jakob brach aus seiner Heimat Beerscheba auf und ging nach Haran. Unterwegs übernachtete er, denn die Sonne war untergegangen. Er nahm einen Stein, legte ihn unter seinen Kopf und schlief dort ein.

Da hatte er einen Traum: Er sah eine Leiter, die auf der Erde stand und bis zum Himmel reichte. Auf ihr stiegen Engel Gottes auf und nieder.

Und siehe, der Herr stand oben und sprach: „Ich bin der Herr, der Gott deines Vaters Abraham und der Gott Isaaks. Das Land, auf dem du liegst, will ich dir und deinen Nachkommen geben.
Deine Nachkommen werden zahlreich sein wie der Staub auf der Erde. Durch dich und deine Nachkommen werden alle Geschlechter der Erde Segen erlangen. Ich bin mit dir, ich behüte dich, wohin du auch gehst, und bringe dich zurück in dieses Land. Ich verlasse dich nicht."

Da erwachte Jakob aus seinem Schlaf und sagte: „Wirklich, der Herr ist an diesem Ort. Hier ist nichts anderes als das Haus Gottes und das Tor des Himmels."

Er nahm den Stein, den er unter seinen Kopf gelegt hatte, stellte ihn als Gedenkstein auf und goss Salböl darauf.
Dann gab er dem Ort den Namen Bet-El, das heißt Haus Gottes.

nach Genesis 28,10–22

Ruben gehört dazu

Seit vielen Wochen hat sich mein Bruder Ruben auf seine Bar-Mizwa vorbereitet. Einmal in der Woche ist er in die Synagoge gegangen. Wenn ich ihn gefragt habe, was er dort macht, hat er nur geantwortet: „Warte ab, bis du 13 Jahre alt bist.“
Unser Großvater hat mir aber doch etwas über die Bar-Mizwa erzählt: „Ruben lernt, aus der Thora vorzulesen, nach welchen Regeln wir unser Leben als Juden führen und was es mit den Gebetsriemen und dem Gebetsmantel auf sich hat. Er gehört dann als vollwertiges Mitglied zu der männlichen Gebetsgemeinschaft.“

Am Mittwoch ist mein Bruder schließlich 13 Jahre alt geworden. Jetzt ist Freitagabend, der Sabbat beginnt, und wir gehen in die Synagoge.
Von meinem Platz aus auf der Empore bei meiner Mutter sehe ich Ruben vorne stehen. Er sieht sehr feierlich aus in seinem Gebetsmantel.
Jetzt nimmt er den Lesefinger, die Yad, und es wird ganz still.
Stolz liest er aus der Thora vor. Danach begrüßt ihn der Rabbi im Namen aller in der Gemeinde und erinnert ihn daran, dass er nun alle Rechte und Pflichten eines Gemeindemitgliedes hat.
Zu Hause geht die Bar-Mizwa-Feier mit der ganzen Familie weiter und Ruben bekommt sogar Geschenke.

Ich muss leider noch warten, bis ich in der Synagoge aus der Thora vorlesen darf. Dann darf ich auch endlich bei meinem Vater und meinem Bruder sitzen.

Mach was!

1. Erkundigt euch, ob es in eurer Nähe eine Synagoge gibt. Vielleicht könnt ihr sie besuchen?
2. Frage deine Eltern und Großeltern, was sie über das Judentum wissen.

10. Schuldig werden – von Schuld befreit werden

Vieles im Leben ist zerbrechlich …

… nicht nur die Vase,
die dünne Eisdecke,
die teure Brille,
die Porzellanfigur,

sondern auch eine Freundschaft,
die Beziehung,
die Freude am Zusammensein
in der Sportmannschaft,
eine gute Nachbarschaft.

Was soll ich tun?

Langsam schieben **Peter** und **Susanne** den Einkaufswagen durch die Gänge des Supermarktes. Da entdeckt Peter plötzlich das Computerspiel, das man im Zeltlager gut gebrauchen kann. Seine Augen werden immer größer. Er möchte das Spiel gern in seiner Tasche verschwinden lassen.

Mancher träumt davon, was **Tobias** passiert ist: Gerade will er sich im Bus hinsetzen, da sieht er auf dem Sitz eine Geldbörse liegen. Unbemerkt steckt Tobias sie ein. Erst zu Hause schaut er sich das Fundstück näher an. Neben einigen Karten findet er auch viele Geldscheine.

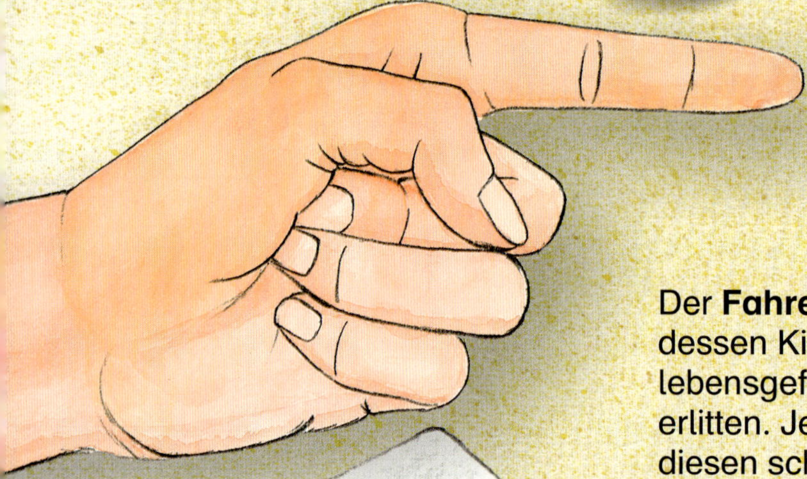

Der **Fahrer eines Wagens** sowie dessen Kind haben bei dem Unfall lebensgefährliche Verletzungen erlitten. Jetzt ist die Ursache für diesen schweren Unfall geklärt: Jugendliche haben Steine von der Autobahnbrücke geworfen und dabei die Frontscheibe des Autos getroffen.
Heike ist sich unsicher, ob sie zur Polizei gehen soll. Sie war zwar dabei, aber den Stein, der das Auto getroffen hat, den hat **Alex** geworfen.

Lenas Vater ist von der Arbeit ganz erschöpft. Deshalb hat er sich hingelegt. Er soll nicht gestört werden. **Lenas Mutter** muss zum Arzt und sagt zu **Lena**: „Wenn jemand nach **Papa** fragt, sagst du einfach, er sei nicht da." Gerade hat Lenas Mama das Haus verlassen, da klingelt das Telefon. Es ist ein Kegelbruder von Lenas Vater, der ihn unbedingt sprechen möchte.

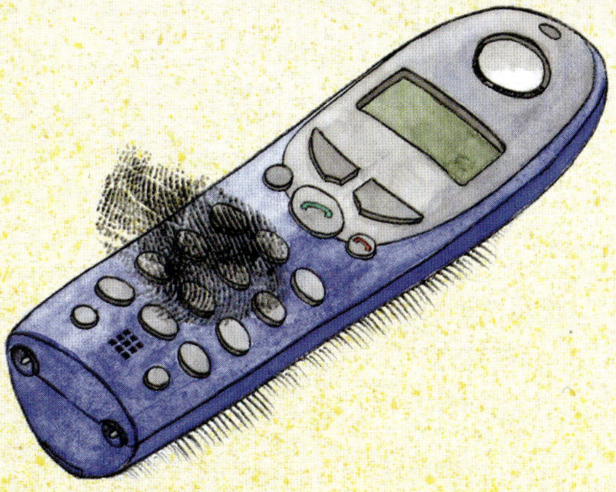

„Prima, du hast ja alles richtig", lobt die Mathelehrerin Uwe bei der Kontrolle der Hausaufgaben. **Uwe** ist in Mathe ziemlich schwach, deswegen fragt die **Lehrerin** ihn: „Hast du die Aufgaben alleine gemacht?" „Ja, ja", sagte Uwe ohne zu zögern. Seine Nachbarin **Jessika** hat gesehen, dass Uwe alles von Jens abgeschrieben hat.

huld

Du bist selber …

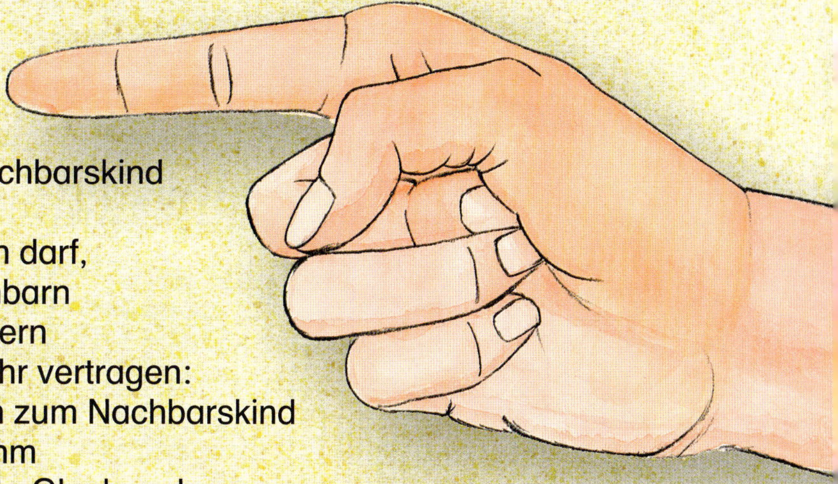

Trotzdem

Auch
wenn das Nachbarskind
nicht mehr
mit dir spielen darf,
weil die Nachbarn
und deine Eltern
sich nicht mehr vertragen:
Geh trotzdem zum Nachbarskind
und schenk ihm
deine bunteste Glaskugel.
Vielleicht …

Rainer Hohmann

Die anderen sind …

1. Spielt diese und eigene Geschichten.
2. Schreibt den Text „Trotzdem" weiter.
3. Mit welchen der Zehn Gebote kannst du diese Geschichten in Verbindung bringen?

Vergebung weitergeben

Eines Tages kommt Petrus mit nachdenklichem Gesicht auf Jesus zu.
„Darf ich dich etwas fragen?“, sagt er.
„Was soll ich machen, wenn mir einer Unrecht tut? Wie oft muss ich ihm vergeben? Siebenmal?“
„Viel öfter, als du denkst“, sagt Jesus. Da sieht Petrus ihn erstaunt an.
Und dann erzählt Jesus ihm dieses Gleichnis:

Ein Knecht war seinem König
1000 Silberstücke schuldig.
Und da er nicht zahlen konnte,
befahl ihm der König:
„Verkaufe alles, was du besitzt,
und bezahle deine Schuld.“
Da fiel der Knecht seinem Herrn
zu Füßen und flehte ihn an:
„Hab Geduld mit mir, ich will
alles nach und nach bezahlen.“
Da hatte der König Mitleid mit
dem Knecht. Er ließ ihn gehen
und erließ ihm seine Schulden.

Der Knecht ging hinaus und traf
einen seiner Mitknechte.
Dieser war ihm zehn Silberstücke
schuldig. Der Knecht fiel über ihn her,
packte ihn, würgte ihn und rief:
„Bezahle mir sofort,
was du mir schuldig bist!“

Der andere Knecht warf sich
vor ihm nieder und flehte:
„Hab Geduld mit mir!
Ich werde dir alles zurückzahlen."
Der aber hatte kein Mitleid,
sondern ließ seinen Mitknecht
ins Gefängnis werfen. Er sagte:
„Hier wirst du bleiben, bis du
die Schuld bezahlt hast."

Als aber die anderen Knechte
das sahen, waren sie entsetzt
und berichteten dem König davon.

Da ließ er den Knecht zu sich rufen
und sprach:
„Was bist du nur für ein Mensch?
Dir habe ich deine ganze Schuld
erlassen, weil du mich so angefleht
hast.
Du aber hast kein Erbarmen mit
deinem Bruder."

nach Matthäus 18,21–33

1. Was sagen die Menschen auf den Bildern?
2. Welche Antwort hat Petrus mit diesem Gleichnis erhalten?

Der Weg der Versöhnung

- Ich überlege, was nicht gut war.
- Ich bekenne und bereue meine Schuld.
- Ich bemühe mich, den angerichteten Schaden wiedergutzumachen.
- Ich danke Gott für die Versöhnung.

In der Beichte spricht der Priester uns die Vergebung Gottes zu. „Gott, der barmherzige Vater, hat durch den Tod und die Auferstehung seines Sohnes die Welt mit sich versöhnt und hat den Heiligen Geist gesandt zur Vergebung der Sünden. Durch den Dienst der Kirche schenkte er dir Verzeihung und Frieden. So spreche ich dich los von deinen Sünden. Im Namen des Vaters und des Sohnes und des Heiligen Geistes.“

Der Auferstandene sprach
zu seinen Jüngern:
„Empfangt den Heiligen Geist!
Wem ihr die Sünden vergebt,
dem sind sie vergeben;
wem ihr die Vergebung verweigert,
dem ist sie verweigert!“

nach Johannes 20,19–23

Mach was!

1. Schreibe auf einen Schuldstein, wodurch du schuldig werden kannst.
2. Spielt eine Geschichte von Schuld und Versöhnung.

Liebe Tante,
hier ist es jeden Tag warm.
Die Stadt ist groß. Es gibt
viele alte~~n~~ Häuser. Morgen
sehen wir uns das Gebäude
mit der goldenen Kuppel
an.
Mit unserer Reisegruppe
laufen wir zu einer Klagemau-
er und einige wollen einen
Kreuzweg gehen.
Ich bin sehr gespannt, was
das alles bedeutet. Jetzt
kann ich mir vorstellen,
wie es zur Zeit Jesu hier
war.
Viele Grüße
Dein Tobi

© PRODUCED BY PALPHOT LTD. ● 052*555238 ● הוצאת פלפוט בע"מ הרצליה, ישראל

Israel ישראל

Frau
Hildegard Schneider
Heinrichstraße 16

45239 Essen

Germany

Zur Zeit Jesu – so könnte es gewesen sein

1. Welche Volks- oder Berufsgruppen erkennst du?
Sammle Informationen über sie aus Büchern, dem Internet oder indem du Erwachsene befragst.

2. Was erwarten die frommen Juden von dem angekündigten Messias früher und heute?

Der Tempel von Jerusalem

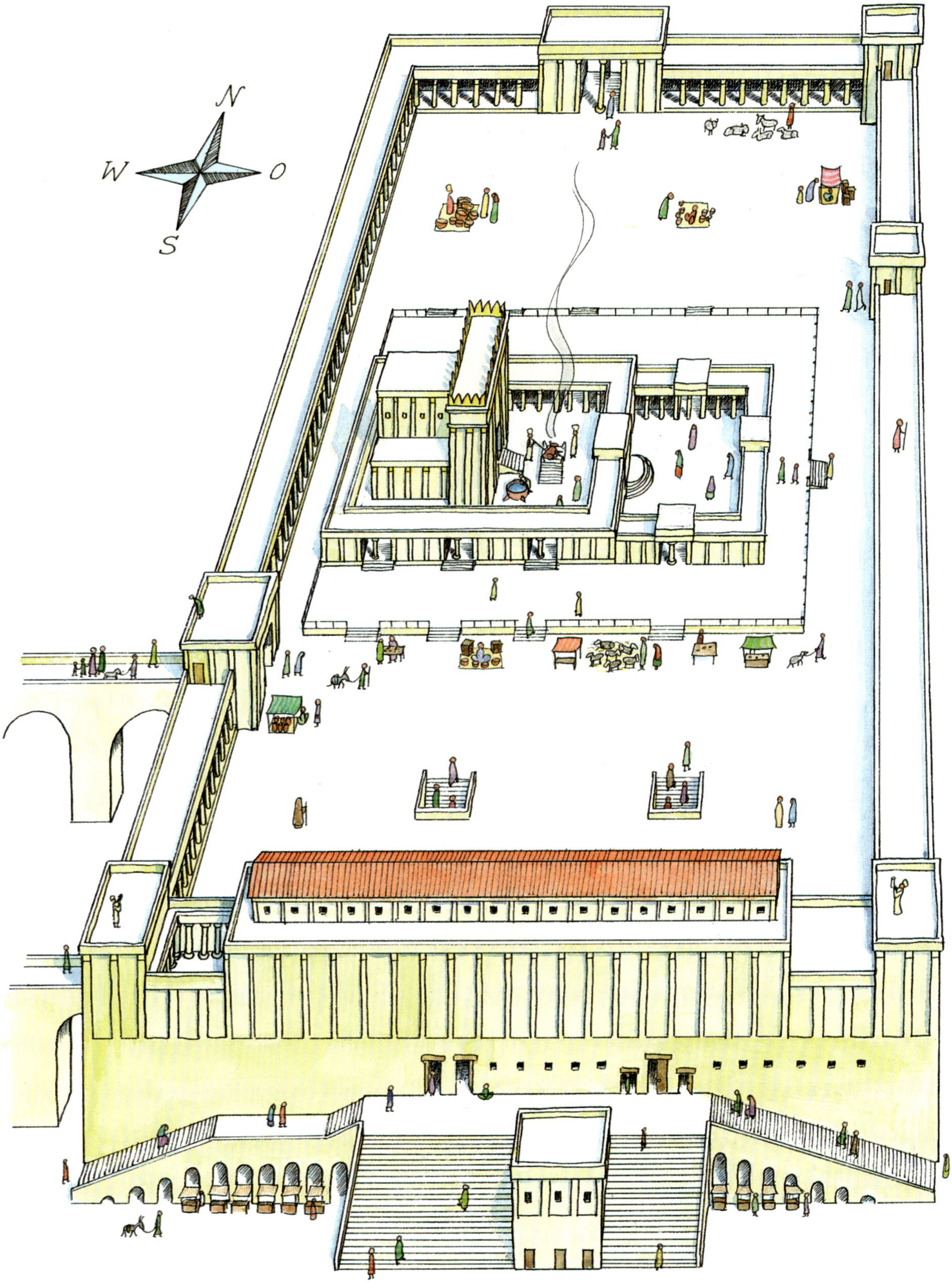

Im Zentrum der Stadt Jerusalem liegt der Tempelberg. Auf ihm steht der Tempel, der auf eine lange Geschichte zurückblickt.
Sie beginnt viele hundert Jahre vor unserer Zeitrechnung. Die Bibel erzählt von König David, der die Bundeslade an einen bestimmten Platz brachte. In der Bundeslade befanden sich nach biblischer Überlieferung die Gesetzestafeln, die Mose von Gott erhalten hatte. Die Bundeslade war für die Juden so wichtig und kostbar, dass der Sohn Davids, König Salomo, einen ersten Tempel an die Stelle baute, die sein Vater ausgesucht hatte. Dieser Tempel von Salomo wurde durch einen Krieg zerstört. Danach haben die Herrscher in Jerusalem immer wieder begonnen, den Tempel aufzubauen. Erst viele hundert Jahre später hat König Herodes einen noch größeren und prächtigeren Tempel gebaut. Zum Tempel in Jerusalem pilgerten viele Menschen. Für einen gläubigen Juden war es eine religiöse Verpflichtung, dort zu beten und das Paschafest zu feiern.
Der Tempel war ein großes Bauwerk mit einem Vorhof, in dem die Pilger nach der langen Reise Essen und Trinken kaufen konnten. Dort gab es auch alle nötigen Dinge für die Durchführung der Tieropfer.
Der Hof war stets gut besucht von Menschen aus aller Welt und jeder Religion. Der innere Bereich des Tempels war unterteilt in einen Frauenhof und den Priesterhof, der den Männern vorbehalten war. Hier lasen die Priester aus der Thora vor und erklärten die Schrift. Im Zentrum der Tempelanlage wurde die Thora aufbewahrt. Diesen Bereich des Tempels durften nur die Priester betreten. Der Tempel wurde im Jahre 70 n. Chr. zerstört. In den folgenden Jahren wurden die Steine für andere Bauten verwendet. Viele Geschichten über Jesus spielen im Tempel.

Heute sieht man nur noch Reste der Tempelanlage. Die Westmauer ist in Teilen bis heute erhalten und wird Klagemauer genannt.
Als weit sichtbares Zeichen steht heute der Felsendom der Muslime auf der ehemaligen Tempelanlage.

Jerusalem wird auch Stadt des Friedens genannt.

Hewenu schalom alechem

Mach was!

1. Besorge dir in einem Reisebüro Bilder von Jerusalem.
2. Sammle Informationen zum Leben in Jerusalem heute.

12. Dem Wort vertrauen

Kreuze in der Welt

haben Menschen dort hingestellt,
erinnern an Schmerz und Tod,
öffnen Augen für der Geschwister Not,
weisen über Tränen und Trauer hinaus:
Der Tod ist kein endgültiges Aus.

Gefeiert und gekreuzigt

Wie ein König wurde Jesus empfangen, als er auf einem Esel nach Jerusalem hinaufzog. Viele Leute breiteten ihre Kleider auf der Straße vor ihm aus und streuten Zweige auf den Weg. Sie riefen:
„Hosanna!
Gesegnet sei er, der kommt
im Namen des Herrn!
Gesegnet sei das Reich unseres
Vaters David, das nun kommt.
Hosanna in der Höhe!“

nach Markus 11,1–10

Nachdem Jesus von Judas verraten und von den Soldaten gefangen genommen war, führten ihn die Männer zum Palast des Hohepriesters. Hier hatte sich der ganze Hohe Rat versammelt und suchte nach einer Anklage, um Jesus zum Tode verurteilen zu können. Sie fanden aber nichts. Da wandte sich der Hohepriester an Jesus und fragte ihn: „Bist du der Messias, der Sohn Gottes?“Jesus antwortete: „Ich bin es. Ihr werdet mich an der rechten Seite Gottes sitzen sehen. Und ihr werdet mich kommen sehen auf den Wolken des Himmels.“
Da zerriss der Hohepriester sein Gewand und rief: „Wozu brauchen wir noch Zeugen?“ Und sie sprachen einstimmig das Urteil: „Er ist schuldig und muss sterben.“

nach Markus 14,53–14,64

Nach seiner Verurteilung wurde Jesus von den Soldaten verspottet, geschlagen und angespuckt. Sie machten aus dornigen Zweigen einen Kranz. Den setzten sie ihm auf den Kopf und sagten: „Heil dir, König der Juden!“
Dann führten die Soldaten Jesus hinaus nach Golgota, um ihn zu kreuzigen. Und auf einem Schild war aufgeschrieben, was seine Schuld sein sollte. Es stand darauf: „Der König der Juden.“
Zusammen mit ihm kreuzigten sie zwei Räuber, den einen rechts von ihm, den anderen links.

nach Markus 15,16–15,27

Als die sechste Stunde kam, brach über dem ganzen Land eine Finsternis herein. Sie dauerte bis zur neunten Stunde. Die Sonne verdunkelte sich. Der Vorhang im Tempel riss entzwei und Jesus rief laut: „Vater, in deine Hände lege ich meinen Geist.“ Nach diesen Worten starb er.
Ein römischer Hauptmann stand Jesus gegenüber. Als er Jesus so sterben sah, pries er Gott und sagte: „Dieser Mensch war wirklich Gottes Sohn.“
Noch bevor der Sabbat anbrach, wurde Jesus vom Kreuz abgenommen. Josef von Arimathäa hüllte den Leichnam in ein Leinentuch und legte ihn in ein Felsengrab.

nach Markus 15,33–15,47

Stärker als der Tod

1 Schlüpfe in die Haut des Malers. Erzähle, was dir beim Malen des Bildes wichtig war und was du damit sagen willst.

Als der Sabbat vorüber war, kauften Maria aus Magdala, Maria, die Mutter des Jakobus, und Salome wohlriechende Öle, um damit zum Grab zu gehen und Jesus zu salben.
Am ersten Tag der Woche kamen sie in aller Frühe zum Grab, als eben die Sonne aufging. Sie sagten zueinander: „Wer könnte uns den Stein vom Eingang des Grabes wegwälzen?“ Doch als sie hinblickten, sahen sie, dass der Stein schon weggewälzt war; er war sehr groß.
Sie gingen in das Grab hinein und sahen auf der rechten Seite einen jungen Mann sitzen, der mit einem weißen Gewand bekleidet war; da erschraken sie sehr. Er aber sagte zu ihnen: „Erschreckt nicht! Ihr sucht Jesus von Nazaret, den Gekreuzigten. Er ist auferstanden; er ist nicht hier. Seht, da ist die Stelle, wo man ihn hingelegt hatte. Nun aber geht und sagt seinen Jüngern, vor allem Petrus: ‚Er geht euch voraus nach Galiläa; dort werdet ihr ihn sehen, wie er es euch gesagt hat‘.“
Da verließen die Frauen das Grab und eilten voll Furcht und in großer Freude zu seinen Jüngern, um ihnen die Botschaft zu verkünden.

nach Markus 16,1–8

Zeichen für das neue Leben

Text und Melodie: Köln 1623

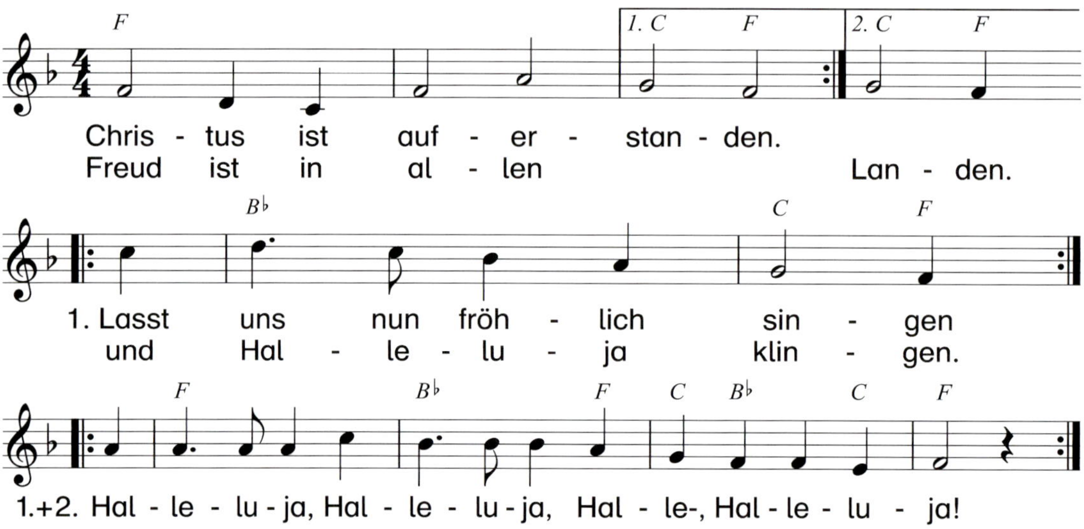

Mach was!

1. Gestaltet eine Osterkerze.
2. Welche Osterbräuche gibt es bei euch? Erzählt.

13. Die heilige Messe feiern

Ein Tisch.
Mehr als ein Tisch:
eine Einladung
zum Essen,
zum Trinken,
zum Sprechen.

Gemeinsam bei Tisch
und alles teilen.
Wer teilt,
gehört zusammen.
Wer teilt,
gibt etwas hin.
Wer am Tisch teilt,
schenkt ein Stück Leben.

Der Aufbau der heiligen Messe

Wortgottesdienst

Eröffnung
Nachdem der Priester mit den Messdienern in die Kirche eingezogen ist, begrüßt er uns, die Gemeinde. Gemeinsam beginnen wir den Gottesdienst mit dem Kreuzzeichen. Wir singen Lieder und bitten Gott im *Kyrie* um sein Erbarmen.

Lesungen
Erst hören wir eine *Lesung* aus dem Alten Testament oder den Briefen der Apostel. Im *Evangelium* hören wir vom Leben und Wirken Jesu aus dem Neuen Testament. In der *Predigt* bekommen wir Anregungen, über die Texte nachzudenken.

Credo und Fürbitten
In einem Lied oder mit dem Text des Credos bekennen wir unseren Glauben im Glaubensbekenntnis. In den *Fürbitten* bringen wir unsere Anliegen vor Gott und bitten um seinen Beistand für uns und andere Menschen.

Eucharistiefeier

Gabenbereitung
Bei der Gabenbereitung werden Wein und Brot zum Altar gebracht. Der Priester richtet den Altar her und spricht das Gabengebet. Die Gemeinde singt und die *Kollekte* (eine Geldgabe) wird eingesammelt.

Hochgebet
Nach dem *Sanctus* (Heilig, heilig) erinnert der Priester im *Hochgebet* an das letzte Abendmahl Jesu mit seinen Jüngern. Er spricht das große Dankgebet über Brot und Wein. In der *Wandlung* wiederholt der Priester die Worte Jesu: „Dies ist mein Leib." „Dies ist mein Blut." Wir beten gemeinsam das *Vaterunser.* In der *Kommunion* dürfen auch wir Gäste an dem Tisch Jesu sein.

Segen und Entlassung
Zum Abschluss der Messe beten und singen wir. Der Priester spricht das *Dankgebet* und entlässt uns mit dem *Segen* Gottes.

1. Wie lauten die Texte des Vaterunsers und des Glaubensbekenntnisses?

Das letzte Abendmahl

Es war am Fest der Ungesäuerten Brote. Am ersten Tag dieses Festes schlachtete man in Israel das Paschalamm und hielt ein Festmahl.
Die Jünger fragten Jesus:
„Wo sollen wir das Paschamahl für dich vorbereiten?“
Da schickte Jesus zwei von ihnen voraus und sagte zu ihnen:
„Geht in die Stadt. Dort werdet ihr einen Mann treffen, der einen Wasserkrug trägt. Folgt ihm, bis er in ein Haus hineingeht.
Dann sollt ihr zu dem Herrn des Hauses sagen:
‚Der Rabbi lässt dich fragen: Wo ist das Zimmer, in dem ich mit meinen Jüngern das Paschalamm essen kann?’
Und der Hausherr wird euch im oberen Stockwerk einen großen Raum zeigen. Er ist schon für das Festmahl vorbereitet und mit Polstern ausgelegt. Dort bereitet alles für uns vor.“

Die Jünger machten sich auf den Weg und kamen in die Stadt. Sie fanden alles so, wie er es ihnen gesagt hatte. Und sie bereiteten das Paschamahl vor.
Als es Abend wurde, kam Jesus mit den zwölf Aposteln.
Während des Mahls nahm er das Brot und sprach den Segen; dann brach er das Brot, reichte es ihnen und sagte: „Nehmt, das ist mein Leib.“
Dann nahm er den Kelch, sprach das Dankgebet, reichte ihn den Jüngern und sie tranken alle daraus.
Und er sagte zu ihnen: „Das ist mein Blut, das Blut des Bundes, das für viele vergossen wird. Amen, ich sage euch: Ich werde nicht mehr von den Früchten des Weinstocks trinken bis zu dem Tag, an dem ich von Neuem davon trinke im Reich Gottes.“

nach Markus 14,12–17 und 14,22–25

Herr, wir bringen in Brot und Wein

Text: Hans Bernhard Meyer
Melodie: Peter Janssens

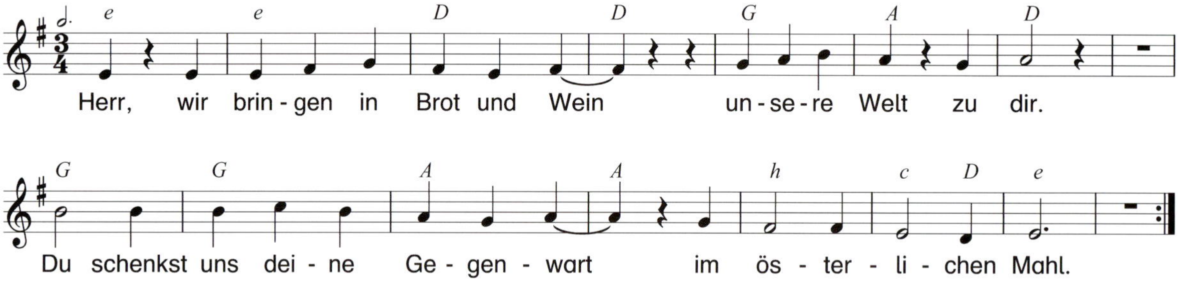

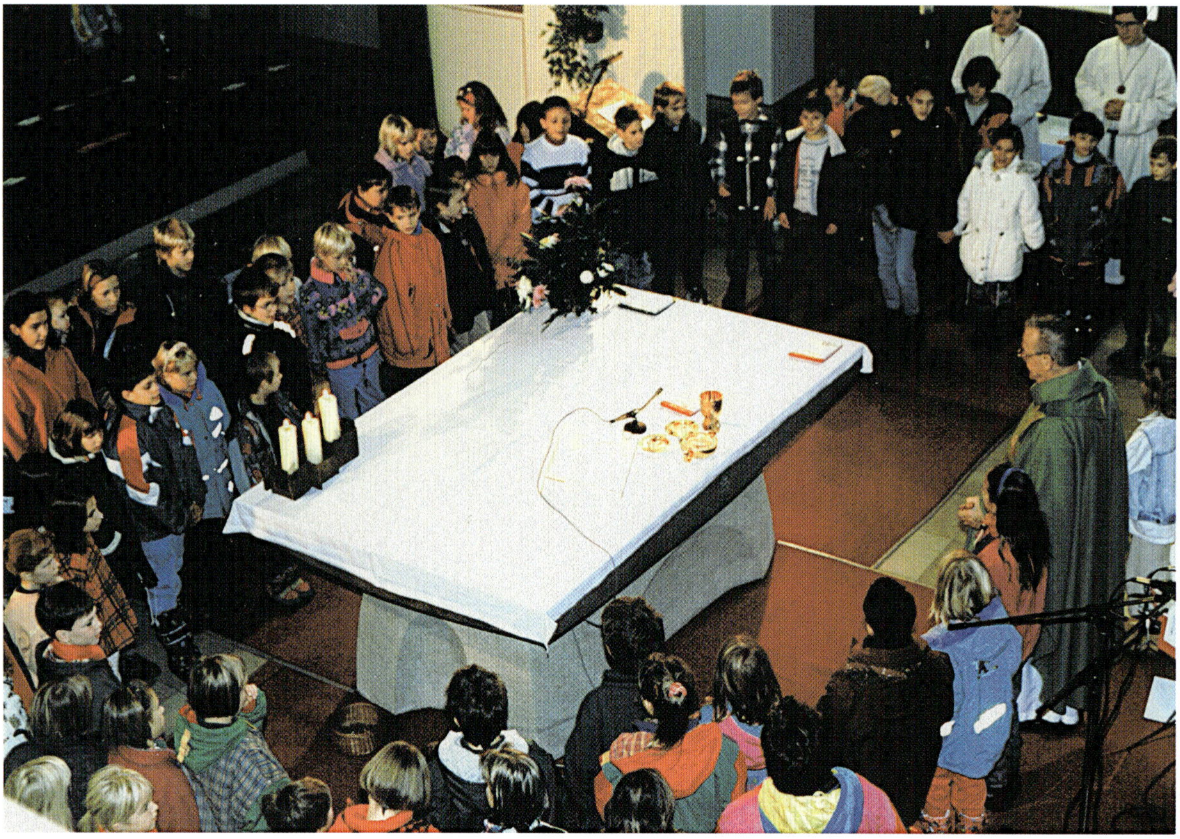

Mach was!

1. Ladet einen Priester ein, mit euch die heilige Messe zu feiern.
2. Formuliere eine Fürbitte, die im Gottesdienst gebetet werden kann.

14. Gottes Welt – in unserer Hand

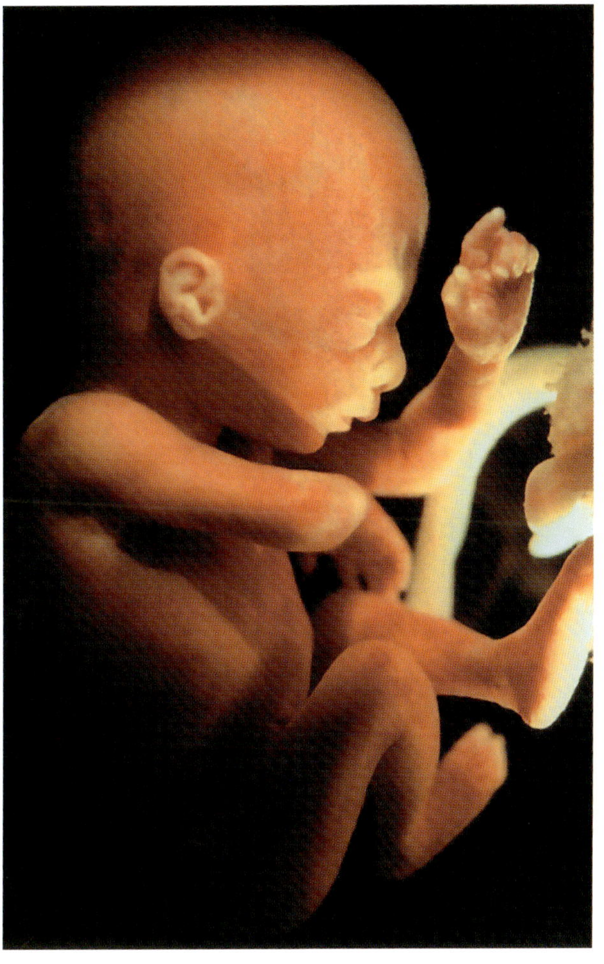

Du hast mein Inneres geschaffen, mich gewoben im Schoß meiner Mutter.
Ich danke dir, dass du mich so wunderbar gestaltet hast.
Ich weiß: Staunenswert sind deine Werke.
Als ich geformt wurde im Dunkeln, kunstvoll gewirkt in den Tiefen der Erde,
waren meine Glieder dir nicht verborgen.
Deine Augen sahen, wie ich entstand,
in deinem Buch war schon alles verzeichnet;
meine Tage waren schon gebildet, als noch keiner von ihnen da war.

Psalm 139

Gottes Schöpfung – eine liebevolle Gabe

Es war zur Zeit, als Gott, der Herr, Erde und Himmel machte.
Es gab auf der Erde noch keine Feldsträucher,
und all das Kraut auf dem Feld war noch nicht gewachsen.
Denn Gott, der Herr, hatte es noch nicht regnen lassen auf Erden,
und kein Mensch war da, der das Land bebaute.
Aber Nebel stieg auf von der Erde und befeuchtete alles Land.
Da formte Gott, der Herr, den Menschen aus Erde vom Acker
und blies ihm den Odem des Lebens in seine Nase.
So ward der Mensch ein lebendiges Wesen.
Dann pflanzte der Herr im Osten einen Garten an.
Gott ließ aus dem Ackerboden allerlei Bäume wachsen,
verlockend anzusehen und mit köstlichen Früchten.
Ein großer Strom entsprang in dem Garten,
der den ganzen Boden bewässerte.

Und Gott, der Herr, nahm den Menschen,
setzte ihn in den Garten Eden, ein kleines Paradies.
Er sollte darin arbeiten.
Er sollte den Garten bebauen und behüten.

Gott formte aus dem Ackerboden Tiere für den Menschen.
Er sollte sie beim Namen rufen. Und sie sollten ihm helfen.

Gott gab dem Menschen die Frau.
Sie sollten sich gegenseitig unterstützen.
Als der Mensch sie sah, rief er: „Das ist sie.
Sie gehört zu mir. Wir gehören zusammen.“

nach Genesis 2,4b–23

Mit Franziskus Gott und die Schöpfung loben

Du höchster und großer lebendiger Gott.
Du hast alles erschaffen.
Lob und Dank sei dir.
Lob sei dir durch unsre Schwester Sonne.
Sie strahlt in großem Glanz,
bringt Freude und das Leben.
Lob sei dir durch unsren Bruder Mond
und all die Sterne,
unendlich weit und groß.
Lob sei dir durch Wind und Luft und Wolken,
durch die du jenes nährst,
was du geschaffen hast.
Lob sei dir durch unsre Schwester Wasser,
sie ist uns zugetan
in Zärtlichkeit und Macht.
Lob sei dir durch unsren Bruder Feuer,
der uns die Nacht erhellt,
der kräftig ist und stark.
Lob sei dir durch unsre Mutter Erde,
die uns nährt und viele Früchte bringt.

Konrad Raischl, nach dem
Sonnengesang des heiligen Franziskus

1. Schreibe eine eigene Strophe. Male ein Bild dazu.
2. Was sagt das Bild auf Seite 87 über Franziskus?
3. Was weißt du über Franziskus? Erzähle.

1226-1976

Eine Handvoll Erde

Text: Reinhard Bäcker
Melodie: Detlev Jöcker

Mach was!

1. Holt euch einen Eimer Gartenerde in die Klasse. Schüttet den Eimer aus und beobachtet die Erde genau. Entdeckt ihr Leben?
2. Richtet auf oder bei eurem Schulhof eine kleine Fläche ein, die ihr bepflanzt und für die ihr die Patenschaft übernehmt.

Quellenverzeichnis

Texte

6/7 Dolores Travaglini: Tatanka, der kleine Indianer. Aus: … da fällt herab ein Träumelein. Donauwörth: Auer Verlag GmbH 1967

11 Manfred Mai: In einem fremden Land. Aus: Stiftung Lesen (Hrsg.): Ich schenk dir eine Geschichte. München: C. Bertelsmann Jugendbuchverlag/Omnibus 2000

16 Eleonore Beck: In deinem Schutz. Aus: Eleonore Beck: Alle Tage ist Gott nah. Gebete. Kevelaer: Butzon & Bercker, 1971

19 Ursula Wölfel: Der Nachtvogel. Aus: Ursula Wölfel: Die grauen und die grünen Felder, Mülheim: Neithard Anrich Verlag, ohne Jahr

25 Gina Ruck-Pauquèt: Das reiche Kind. Aus: Gina Ruck-Pauquèt/Edith Witt: Tag- und Traum-Geschichtenbuch, Ravensburg: Ravensburger Buchverlag, ohne Jahr

30 Hans-Martin Große-Oetringhaus: Der Teufelskreis. Aus: Hans-Martin Große-Oetringhaus: United Kids. Spiel- und Aktionsbuch Eine Welt, München, 4. Aufl.: Elefanten Press 2002

32 Der barmherzige Samariter. Aus: Meine Schulbibel. Kevelaer/Stuttgart/München/Düsseldorf: Butzon & Bercker Verlag GmbH/VerlagKatholisches Bibelwerk/Kösel-Verlag GmbH/Patmos Verlag GmbH 2003

36 Gilles Tibo/Zaü: Schwarze Augen. Gossau/Zürich: NordSüd Verlag AG 2005

44 Willi Hoffsümmer: Kindern die Messe erklären in Zeichen, Geschichten und Spielen. Freiburg: Herder 1991

61 Rainer Hohmann: Trotzdem. Aus: Rosemarie Portmann: Mut tut gut. Würzburg: Arena 1994 (gek.)

86 © Konrad Raischl

Lieder

10 Hans Köbler (Text und Melodie): Ich möcht, dass einer mit mir geht. © Gustav Bosse Verlag, Kassel

22 Wolfgang Gies

46 Wilhelm Willms (Text), Ludger Edelkötter (Melodie): Alle Knospen springen auf. © KiMu Kinder Musik Verlag GmbH, 45219 Essen

52 Reinhard Feuersträter (Text), Reinhard Horn (Melodie): Stein auf Stein … wir bauen die Zukunft. © Kontakte Musikverlag, Ute Horn, 59557 Lippstadt

70 Aus Israel: Hewenu schalom alechem

82 Hans Bernhard Meyer (Text)/Peter Janssens (Melodie): Herr, wir bringen in Brot und Wein. © Peter Janssens Musik Verlag, Telgte-Westfalen

88 Reinhard Bäcker (Text)/Detlev Jöcker (Melodie): Eine Handvoll Erde. © Menschenkinder Verlag, Münster

Abbildungen

4/5	Fotos: Wolfgang Gies
9	© Beatrix Clasen: Tobias
13	Rudolf Büder: Verheißung an Abraham
17	Tibo, Gilles. Aus: Annabel Lee, illustriert von Gilles Tibo, Verlag an der Este, Buxtehude
18	Melchior Schedler: Abendengel. Aus: H.-J. Gelberg (Hrsg.): Wie man Berge versetzt, 1981 Beltz & Gelberg in der Verlagsgruppe Beltz, Weinheim und Basel
21	© Sieger Köder, Sturm auf dem See
23	© Sieger Köder, Narr vor dem Spiegel
26	Thomas Zacharias: Johannes der Täufer © VG Bild-Kunst, Bonn 2008
29	Foto Junge: mauritiusFoto Obdachloser: Ulrich Baumgarten/vario-press Foto Armut in Afrika: Ton Koene Foto Gewalt auf dem Schulhof: picture-alliance/dpa Foto Seniorin: Volkmar Schulz/Keystone Foto Obdachloser: vario press
31	Foto Kinderarbeit: terre des hommes
33	© Lisbeth Zwerger, Der barmherzige Samariter
34	Paul Klee: Hat Kopf, Hand, Fuß und Herz, 1930, 214, Aquarell und Feder auf Baumwolle auf Karton. 41,8 x 29 cm. Kunstsammlung Nordrhein-Westfalen, Düsseldorf © VG Bild-Kunst, Bonn 2008
37	Zaü, Schwarze Augen
41	Vincent van Gogh: Sämann bei untergehender Sonne, Arles, November 1888, Öl auf Leinwand, 32 x 40, F 451, JH 1692, Amsterdam Rijksmuseum Vincent van Gogh, Vincent van Gogh Stiftung
43	© Heribert A. Huneke: Gott lässt wachsen, 1998
45	Holzschnitt von Schwester M. Sigmunda May OSF, 1978, MSM Nr. 64 – Senfkorn-Hoffnung
47	Marc Chagall: Der brennende Dornbusch © VG Bild-Kunst, Bonn 2008
49	Marc Chagall: Der Durchzug durch das Schilfmeer © VG Bild-Kunst, Bonn 2008
53	Foto Thora: mauritius Foto Gebetsriemen: picture-alliance/dpa Foto Menora: Tobias Benner Foto Synagoge: KNA Bild Foto Yad: mauritius (asap)
55	Foto Pascha: mauritius (asap)
56	Jindra Capek: Jakobs Traum
59	Foto Autoscheibe: mauritius
64	Foto Beichtgespräch: Gabriele Klöckner, Geldern-Vert Foto Freunde: Wolfgang Gies

65 Foto Jerusalem: Siegfried Kruncke, Deutscher Verein vom Heiligen Lande

70 Foto Jüdisches Leben: © version 71
Foto Gipfelkreuz: © Andrea Altemueller/unlike by STOCK4B
Foto Wegkreuz: Wolfgang Gies
Foto Schmuckkreuz: Wolfgang Gies
Foto Grabeskreuz: Friedrich Fischer Foto: Triumphkreuz mit Fensterrose im südlichen Querhaus (Der Dom zu Osnabrück) © Verlag Dom Bücherstube Osnabrück, 49074 Osnabrück

72/73 Aus dem Bilderzyklus aus dem Schongauer-Altar der Dominikaner-Kirche in Colmar/Elsaß

74 Frida Huwiler: Ostern © VG Bild-Kunst, Bonn 2008

76 Foto Gestaltetes Kreuz: Anita Hofbauer, Rotthalmünster

77 Foto Tisch: Peter Ueter

78/79 Alle Fotos: Wolfgang Gies

81 Leidensgeschichte Christi in 20 Bildern, Detail: Abendmahl, Kölnisch, um 1425–40, Wallraf Richartz Museum, Köln, WRM 760, Foto: Rheinisches Bildarchiv, Köln

82 Foto Gemeinschaft am Altar: Wolfgang Gies

83 Foto Fötus: © Derek Bromhall/OSF/OKAPIA

87 Ernst Alt: Franziskus – Powerello di viola d'amore spielend (Tusche, 1976)

88 Foto Deponie: MEV Verlag

Umschlag: Volker Minkus, Minkusimages

Alle anderen Abbildungen: Verlagsarchiv

Zugelassen als Lehrbuch für den katholischen Religionsunterricht von den Diözesanbischöfen von Aachen, Berlin, Dresden, Erfurt, Essen, Fulda, Görlitz, Hamburg, Hildesheim, Köln, Limburg, Magdeburg, Mainz, Münster, Osnabrück, Paderborn, Speyer und Trier.

Gedruckt auf umweltbewusst gefertigtem, chlorfrei gebleichtem und alterungsbeständigem Papier.

1. Auflage 2008
Nach den seit 2006 amtlich gültigen Regelungen der Rechtschreibung

Satz: Albert Graf, Augsburg
Druck und Bindung: Ludwig Auer GmbH, Donauwörth
ISBN 978-3-403-0**3823**-8

www.auer-verlag.de